GOOD
Note!

Marcus Täuber

Gute Gefühle

DR. MARCUS TÄUBER

GUTE GEFÜHLE

NUTZE DIE EMOTIONALEN STÄRKEN DEINES GEHIRNS

GOLDEGG

Umschlag: Idee: Minitta Kandlbauer; Gestaltung: Kathrin Steigerwald, Hamburg unter Verwendung von Motiven von Adobe Stock/Fredy Sijono, vikigreen, Yanka
Rechte Autorenfoto: Minitta Kandlbauer/Goldegg Verlag GmbH, 2023

Der Verlag und seine Autoren sind für Reaktionen, Hinweise oder Meinungen dankbar. Bitte wenden Sie sich diesbezüglich an verlag@goldegg-verlag.com.

Der Goldegg Verlag achtet bei seinen Büchern und Magazinen auf nachhaltiges Produzieren. Goldegg Bücher sind umweltfreundlich produziert und orientieren sich in Materialien, Herstellungsorten, Arbeitsbedingungen und Produktionsformen an den Bedürfnissen von Gesellschaft und Umwelt.

ISBN: 978-3-99060-350-5

Unter den Linden 21 • D-10117 Berlin
Telefon: +49 800 505 43 76-0

Goldegg Verlag GmbH, Österreich
Mommsengasse 4/2 • A-1040 Wien
Telefon: +43 1 505 43 76-0

E-Mail: office@goldegg-verlag.com
www.goldegg-verlag.com

Layout, Satz und Herstellung: Goldegg Verlag GmbH, Wien
Printed in the EU

INHALTSVERZEICHNIS

WUSSTEST DU, DASS …

… Frauen und Männer gleichermaßen emotional sind?
… nicht Erfolg glücklich macht, sondern Glück erfolgreich?
… Ehrfurcht Entzündungen lindert und so die körperliche Heilung fördert?
… Ängste und depressive Stimmung durch positive Emotionen ausgetauscht werden können?
… gute Gefühle nicht nur die Aufmerksamkeit und Kreativität verbessern, sondern schlechte Gewohnheiten verändern und unsere Persönlichkeit entwickeln?
… beliebte Selbstliebe- und Selbstwert-Strategien keine Probleme lösen, sondern die Psyche sogar schwächen können?
… wir Entscheidungen danach fällen, wie wir uns fühlen möchten, aber nur schlecht zukünftige Gefühle abschätzen?

WARUM GEFÜHLE DAS A&O SIND

Emotional reife Menschen kommen bei Dates, im Bekanntenkreis sowie bei Arbeitskolleginnen und Mitarbeitern besser an.

Die eigenen Gefühle zu verstehen, dient als Kompass für bessere Entscheidungen und als Frühwarnsystem unserer psychischen Gesundheit.

Gute Gefühle erhöhen die Lebenserwartung, die Leistungsfähigkeit und die Lebensqualität.

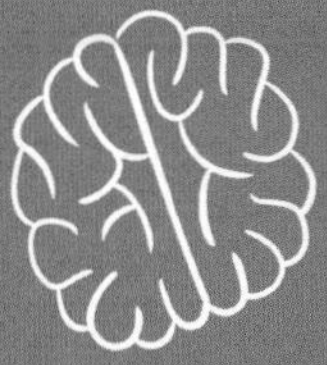

Gefühle werden zu unserem wichtigsten Wettbewerbsvorteil gegen künstliche Intelligenz in der neuen Arbeitswelt.

Wie viele Beine hat dieser Elefant?

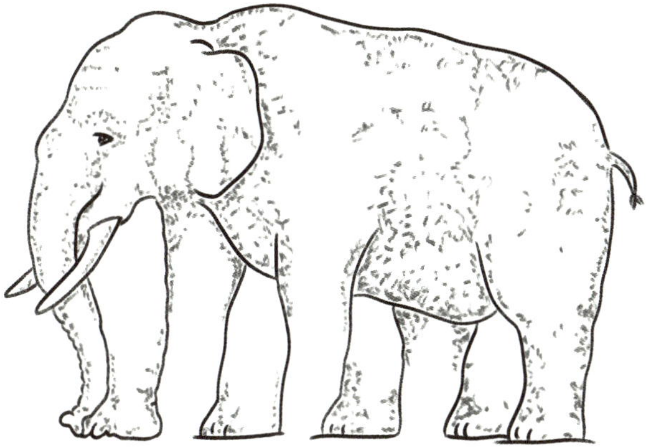

Abbildung: nach Roger Shepard

Die häufigste Antwort lautet fünf, aber ich habe von meinen Teilnehmern und Teilnehmerinnen auch schon acht gehört. In dieser Illusion des US-amerikanischen Kognitionswissenschaftlers Roger Shepard hat der Elefant jedenfalls mehr Beine, als es zunächst scheint. Auch was unsere Gefühle betrifft, steckt in unserem Kopf mehr als wir denken. Lass dich in diesem Buch überraschen …

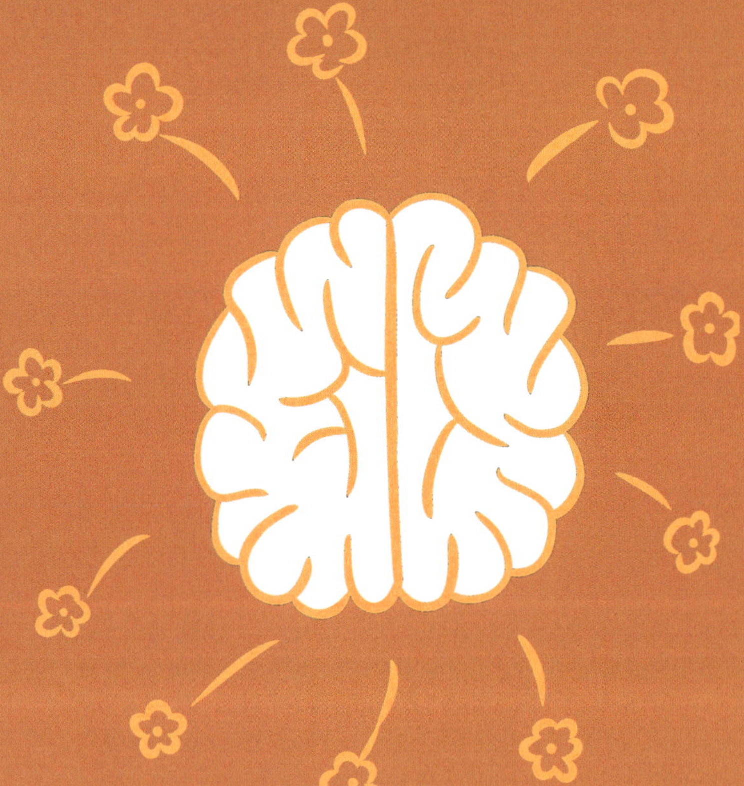

VORWORT

Schön, dass du da bist. Lass uns über Gefühle reden. Vielleicht kennst du den Spruch »Das sehe ich ganz emotionslos«? Als ich mit der Verlagschefin über das Cover für dieses Buch diskutierte, war das ihre Antwort auf eine mögliche Entscheidung seitens des Teams. Was sie meinte: Beide Varianten, die es in die letzte Auswahlrunde geschafft hatten, gehen für sie in Ordnung. Wer sie kennt, weiß, sie macht ihren Job nicht emotionslos, sondern mit Leidenschaft.

Manchmal betonen wir unsere vermeintliche Emotionslosigkeit, um zwischenmenschliche Situationen zu entschärfen oder Kompetenz zu signalisieren. Gefühle gelten gemeinhin als Störgeister für richtiges Verhalten. »Sei nicht so emotional«, sagen wir in diesem Zusammenhang despektierlich zum Gegenüber. Auf die Spitze getrieben wurde das in der Aufklärung des 18. Jahrhunderts – der »reine Verstand« war zur Lösung all unserer Probleme hochstilisiert worden.

Die Australierin Bronnie Ware begleitete als Pflegerin todkranke Menschen in den letzten Wochen ihres Lebens. Sie fragte Patienten und Patientinnen, was sie in ihrem Leben am meisten bereuten und hat daraus ein bemerkenswertes Buch verfasst. Unter den Top Five dessen, was Menschen im Nachhinein gefehlt hatte: *der Mut, den eigenen Gefühlen Ausdruck zu verleihen.*

Mein Name ist Marcus, ich komme aus der Neurobiologie und ich war einen Großteil meines Lebens davon überzeugt, dass Gefühle ein Zeichen von Schwäche sind und entsprechend rigoros kontrolliert gehören. Die Konsequenzen: Ich stand mir selbst im Weg, wenn es galt, Beziehungen zu anderen Menschen zu vertiefen, wirkte auf mein Gegenüber mitunter kühl bis langweilig und stellte meine Bedürfnisse und Werte hintan – es fehlte mir dadurch schlichtweg an Ausdruckskraft mit Ecken und Kanten.

Glücklicherweise musste ich diesen gravierenden Irrtum nicht erst am Sterbebett erkennen. Meine Beschäftigung mit Psychohygiene und Persönlichkeitsentwicklung haben mir eine neue Sicht eröffnet. In meiner Arbeit als psychologischer Berater und Mentalcoach entpuppte sich ein Mantra:

OHNE EMOTION KEINE NACHHALTIGE TRANSFORMATION.

Ich entdeckte, wie leicht positive Gefühle Menschen aus psychischen Krisen hin zu einer dauerhaften positiven Veränderung führen können. Und entwickelte daraus einen eigenen Ansatz.

Diese erstaunlichen Einsichten und Erfahrungen gebe ich in diesem Buch an dich weiter. Ich möchte dich einladen, deine guten Gefühle zu entdecken, zu entwickeln und einzusetzen. Egal, wo du jetzt stehst: Dein Leben wird dadurch noch gesünder, erfüllter und erfolgreicher. Übrigens: Dieses Buch hat einen für mich sehr persönlichen Auslöser, den ich dir verraten möchte.

Es war der 6. September 2022. Die geschäftliche Besprechung bei einem Unternehmen in Tirol war vorbei, und ich machte mich daran, sie ihn Ruhe nachzubereiten. Ich war in bester Stimmung, sortierte meine Sachen und warf einen kurzen Blick auf mein Smartphone: drei entgangene Nachrichten meiner Mutter, eine Sprachnachricht. Ein Stechen wanderte vom Hals hinunter in Richtung Herz. Mir war sofort klar, was passiert ist.

Ich rufe zurück und sage: »Es ist so weit, oder?«

Sie: »Ja.«

Die Autofahrt nach Wien lief ab wie in einem Film. Mein allerletzter Kontakt zu meiner Oma war über ein Handy, das ihr gequältes Röcheln und das Geräusch der Sauerstoffmaschine einfing. Viereinhalb Stunden später bin ich angekommen. Oma war vor fünf Minuten gegangen. Sie lag friedlich in ihrem Bett, ihr Kopf noch ganz warm. Eine Mischung aus Gefühlen durchzog mich, zur Trauer gesellte sich sehr viel Dankbarkeit, Liebe und Ruhe. Der Kampf war vorbei. Gegen eine Krankheit, die sich nicht stoppen lässt und bei der sich das Gedächtnis und die Persönlichkeit schrittweise auflösen.

Die letzten Jahre hatte ich sie zu Bewegung motiviert, denn das ist gut fürs Gehirn. Bis es nicht mehr ging und sie den Rollstuhl nicht mehr verlassen konnte. In den Monaten vor ihrem Tod tat ich alles, um sie zu Pudding und Kuchen zu überreden, damit sie nicht nur zu Haut und Knochen zerfällt. Ihre Krankheit und mein Widerstand – sie waren nun vorbei. Und ich spürte in diesem Moment, was es wirklich bedeutet, loszulassen.

Akzeptanz, Friede und Gelassenheit sind großartige Konzepte, die mich über Jahre begleitet haben. Als ich diese plötzlich intensiv spürte, war das wie ein Aha-Moment. Kurze Zeit später war die Idee für dieses Buch geboren. Ein Buch, das sich unseren Gefühlen widmet. Genauer: Ich möchte dich einladen auf eine gemeinsame Entdeckungsreise in die Welt der guten Gefühle.

Es gibt Ratgeber zu Ängsten, Panikattacken und Depressionen in jeder Buchhandlung. Du wirst dich auch nicht schwertun, Ratgeber über Selbstliebe, Selbstwert und Glück zu finden. Aber verblüffend wenig Literatur nimmt sich unseren guten Gefühlen generell und ihrer Bedeutung an. Ich finde, wir räumen Katastrophen und mieser Stimmung zu viel Platz in unserem Gehirn ein. Höchste Zeit, die gesunden und leistungsfördernden Aspekte der Sonnenseite in unserem Kopf gebührend zu feiern.

WAS ICH DIR GARANTIERE: KEINE GLÜCKSKEKS-BOTSCHAFTEN, SONDERN FACHLICH FUNDIERTE INHALTE.

Mythen werden entzaubert, Fakten korrekt aufgearbeitet, ohne dich ungebührlich mit Fachlatein oder seitenlangen Theoriegebäuden zu quälen. Du kannst einsteigen, die gemeinsame Reise genießen und am Ende all das an Tools für dich mitnehmen, was du für dich als nützlich erachtest.

Also los geht's – das sind unsere wichtigsten *Brainstations*:

Zunächst möchte ich mit dir *staunen*. Darüber, dass wir überhaupt fühlen können. Wir fangen beim vermeintlichen Übel an, das so böse gar nicht ist: den negativen Emotionen. Du wirst sehen: Unser Leben braucht Kontraste. Nicht diese Gefühle sind schlecht, sondern, dass wir nicht ausreichend lernen, richtig mit ihnen umzugehen. So trüben sie unser Wohlbefinden und machen uns sogar krank. Da ist unser Handeln gefragt: Kein Kaschieren der Problemzone Kopf, sondern emotionales Detox lautet die Devise.

Der nächste Stopp führt uns zur *emotionalen Vitaminbar*. Dort erwarten uns gute Gefühle aller Art – vielfältig, reichhaltig und gesund. Manche entführen uns in einen wohlig angenehmen Chill-Modus. Andere wiederum befeuern uns mit produktiver Power – sie sind wie Chili. *Chill oder Chili* – ob die Kunst der echten Entspannung oder die Fähigkeit, Energie freizusetzen: Wir benötigen beides, und du hast die Wahl, was gerade das Bessere für dich ist.

Auch deine mentale und körperliche Gesundheit wird stark von deinen Gefühlen beeinflusst, und es gibt eine Emotion, die förmlich reine *Medizin für dein Immunsystem, deinen Stoffwechsel und gegen Depression* ist. Du wirst erstaunt sein, welches Gefühl das ist.

Warst du schon einmal in Las Vegas? Dorthin wird es uns im übertragenen Sinne verschlagen. Wir werden schwungvoll am Glücksrad drehen und herausfinden, dass es nicht eine *Form des Glücks* gibt, sondern sogar drei verschiedene Spielarten. Du wirst verstehen, was uns Wind unter den Flügeln verleiht. Aber auch, warum wir weder zu lange im Serotonin baden noch einen Kurzschluss im Kopf verursachen sollten.

Beim nächsten Halt bist du eingeladen zu entdecken, was unsere Berufswelt jetzt und in naher Zukunft braucht. Wir erkunden *emotionale Intelligenz, intrinsische Motivation, Strategien für bessere Entscheidungen* und nehmen unsere neue Arbeitskollegin – die *künstliche Intelligenz* – genauer unter die Lupe.

Nach getaner Arbeit ist es an der *Zeit, den Kopf klar zu kriegen.* Dabei werfen wir nicht nur einen Blick hinter hohe Klostermauern, sondern lassen uns von einem der spannendsten deutschen Philosophen der Gegenwart verblüffen. Seine einzigartige Studie hat Sprengkraft für unser Denken – so viel sei schon verraten.

Mit vielen Inspirationen, Impulsen und Insiderwissen gerüstet, packen wir es dann an und gehen ins *Umsetzen.* Wir sagen Ängsten, depressiver Verstimmung und Selbstzweifeln den (Nicht-)Kampf an. Das Ziel ist nicht, sie endgültig loszuwerden – und doch kann genau das passieren. Die Methode hierzu ist auch keine Methode – und dennoch gebe ich dir interessante Techniken und Übungen an die Hand. Klingt das verwirrend? Oder vielleicht doch interessant? Lass dir ruhig von mir den Kopf verdrehen!

In meiner Familie erzählt man sich die Geschichte, dass ich als Dreijähriger den Unterschrankkasten der Spüle geöffnet habe, um nachzusehen, wohin das Wasser unter dem fließenden Hahn verschwindet. Als Neurowissenschaftler machen wir Ähnliches mit dem Schädel – glücklicherweise heutzutage völlig unblutig. Menschen werden in eine Röhre geschoben. Und es wird punktgenau nachgesehen, wo in den Tiefen des Gehirns sich gerade ein wenig mehr Aktivität offenbart, wenn wir Zahlen addieren, an einen geliebten Menschen denken oder uns deprimiert fühlen.

Die Hirnforschung ist mein Metier – ich habe in Regensburg, Zürich und Wien untersucht, wie das Gehirn unser Leben steuert, und ich habe ein Faible für Originalstudien, die ich akribisch durchforste. Dieses Wissen werde ich dir in angenehmer Form mitgeben. Das Versprechen: Du bekommst hier keine Kalendersprüche, sondern fundiertes Praxiswissen an die Hand.

DU ENTDECKST DIE KRAFT, DIE IN GUTEN GEFÜHLEN STECKT UND ERSCHLIESST DIR DIESE FÜR KÖRPERLICHE UND SEELISCHE GESUNDHEIT SOWIE FÜR DIE VERWIRKLICHUNG DEINER PERSÖNLICHKEIT.

Okay? Dann lass uns richtig starten!

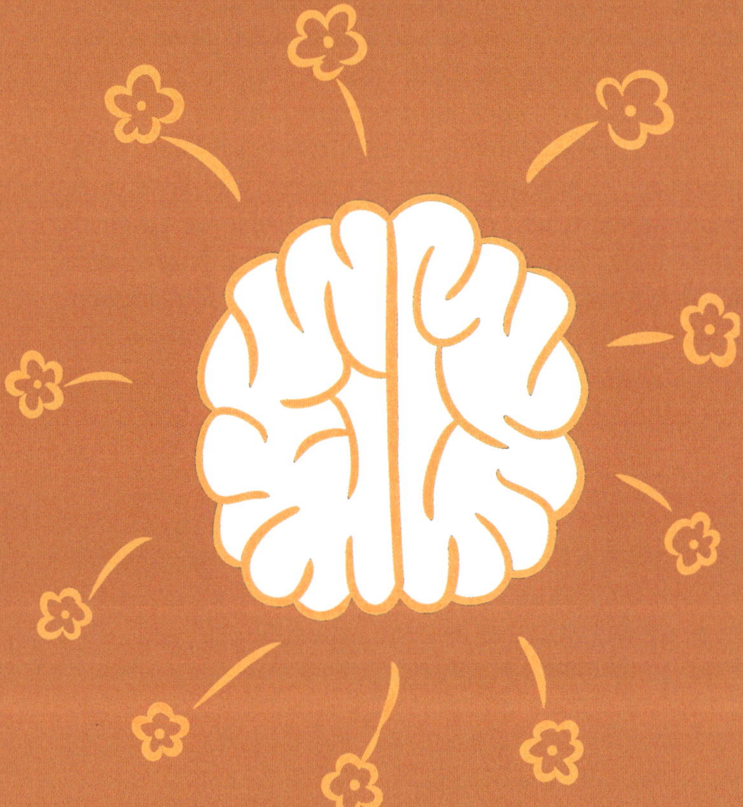

ALLES GEFÜHLSSACHE

Die Frau ist Anfang 20. Sie empfindet weder Interesse noch Freude. Sie betrachtet ihr Leben als wertlos und leer, fehlende Energie macht es für sie zu einem Spießrutenlauf, überhaupt aus dem Bett aufzustehen. Ein paar Pillen schlucken und für immer einschlafen – nicht nur einmal wandern solche Fantasien durch ihren Kopf. Sie verbringt Wochen auf einer psychiatrischen Station, doch weder Medikamente noch Psychotherapie schaffen es, auch nur einen Funken Besserung ihrer Stimmung zu bringen.

Ein Stück Metall bahnt sich gerade seinen Weg durch das Gehirn der jungen Frau. Die Ärztin ist ein paar Meter entfernt und drückt eine Taste auf ihrem Pult – innerhalb von Sekunden passiert es: Die Patientin beginnt plötzlich Pläne für ihr Leben zu fassen. Freunde, Hobbys und berufliche Perspektiven kommen ihr in den Sinn – sie möchte am liebsten vom Operationstisch aufspringen und sofort mit ihrem neuen Leben loslegen.

Was wie Science-Fiction anmutet, ist seit Kurzem medizinische Realität. Bei der tiefen Hirnstimulation werden kontrollierte Stromstöße in einen Teil des Belohnungssystems des Gehirns gebracht und lassen augenblicklich depressive Symptome bei Menschen verschwinden, die bisher gegen alle Therapieversuche resistent waren. Leider hat die Sache einen Haken: Diese Operation ist sehr aufwendig und erfordert millimetergenaue Präzision – sie ist alles andere als ein Routineeingriff. Dennoch: Ist das nicht ein Hammer?

EIN PAAR VOLT AN DER RICHTIGEN STELLE UND UNSERE STIMMUNG DREHT SICH UM 180 GRAD.

Spektakulär muten auch Ergebnisse der deutschen Max-Planck-Gesellschaft an. Demnach können Trainings für Gehirn und Geist uns innerhalb von Wochen zu besseren Menschen machen. Wir werden entspannter, glücklicher, und wir verhalten uns sozialer. Zu diesen erstaunlichen Erkenntnissen made in Germany komme ich noch später.

Viele Menschen verspüren aktuell große Unsicherheit. Horrornews zu Krieg und Klima, atomare Drohungen und Bedrohungen sowie galoppierende Preise drücken schwer aufs Gemüt. Automatisierung, virtuelle Realität und künstliche Intelligenz schicken sich an, für die größte Revolution in der Menschheitsgeschichte zu zeichnen – und werfen neue Fragen auf. Werden wir ersetzbar – im Job, in Beziehungen und überhaupt?

Die knallharte Statistik für Deutschland: Mehr als ein Viertel der Menschen ist häufig gestresst, bei zehn Prozent ist das Missempfinden so stark, dass psychische Erkrankungen die Folge sind. Unter dieser Last bekommt die Psyche Risse und droht zu brechen.

Unsere Arbeitswelt ist ein riesiger Bluff.

Machen wir aus Arbeitsplätzen Orte der persönlichen Entfaltung.

Auch in der Arbeitswelt schaut es wenig erfreulich aus. Der Gallup-Engagement-Index 2022 enthüllt, dass deutsche Büros, Läden und Videokonferenzen motivationsleere Räume darstellen: Nur 13 Prozent der 1500 Befragten geben an, eine starke emotionale Bindung zu ihrem Job zu haben.

Mit anderen Worten: Die große Mehrheit macht uninteressiert Dienst nach Vorschrift oder hat überhaupt innerlich gekündigt – verbirgt dies aber meist geschickt. *Quiet Quitting* nenne ich dieses Phänomen in Vorträgen.

Reden wir Tacheles! Wir haben viel zu tun. Die Erde ist kein 24/7-Glücksplanet. Das wird uns gerade in vielen Bereichen deutlich gemacht. Themen wie Krieg, Klima und Krise dominieren die medialen Schlagzeilen. Sie ist ein Ort des Lernens. Und darin liegen unsere größte Chance und unsere wichtigste Verantwortung. Vor uns stehen bedeutsame Aufgaben. Lass sie uns anpacken – mit einer klaren Vision für die Zukunft, in der gute Gefühle zum Dreh- und Angelpunkt unseres Lebens werden.

Ich habe eine Vision.

Eine Vision, in der Schulen nicht Angst verbreiten, sondern Kinder mental stärken.

Eine Vision, in der Mitarbeiterinnen nicht als humane Ressourcen betrachtet werden und Arbeitsplätze attraktive Orte der persönlichen Entwicklung darstellen.

Eine Vision, in der die Medizin Menschen nicht wie eine Maschine einfach nur repariert, sondern Mitgefühl über allem steht.

Eine Vision, in der in Pflegeheimen alte Menschen nicht aufs Sterben warten, sondern noch mal das Leben feiern.

Eine Vision, in der reife Persönlichkeiten die Geschicke der Welt lenken.

Ich habe eine Vision für eine bessere Welt.

MIT MEHR GUTEN GEFÜHLEN KÖNNEN WIR EINE BESSERE WELT ERSCHAFFEN.

Bist du dabei? Gemeinsam können wir diese Vision wahrmachen. Noch beschäftigt sich nur eine kleine Minderheit intensiv mit Fragen, wie sie in diesem Buch diskutiert werden. Aber du und ich, wir werden immer mehr. Herzlichen Glückwunsch dazu und vielen Dank für dein Vertrauen.

Gleich vorweg: Es wird eine lange Reise, diese Vision einer besseren Welt voller guter Gefühle wahrzumachen Vermutlich wird sie deutlich länger dauern als die 40 Jahre, die der biblischen Geschichte Exodus nach Mose brauchte, um mit den Israeliten die Wüste Sinai zu durchqueren. Wahrscheinlich werden sich unsere Enkelkinder noch die Füße wundlaufen. Aber auch die längste Reise beginnt mit dem ersten Schritt.

Auf unserer Reise dürfen wir zudem auf großartige Unterstützung setzen. Ein Astronaut, dessen Ziel der Flug im Orbit ist, darf auf Wissen bauen, das viele Menschen zuvor gesammelt und weitergesponnen haben. Dieses Know-how stammt aus Physik und Raketentechnik. Für unsere Reise gibt es ebenfalls Erkenntnisse, die uns helfen, unsere Flügel auszubreiten. Diese stammen aus der Hirnforschung. Das ist mein Metier.

Ich schreibe dir aus einem beschaulichen Vorort bei Wien. Vor der Haustür sagen sich Fuchs und Hase Gute Nacht. Die Ruhe ist wunderbar, um Gedanken zu sammeln. Besucher mit Kindern bringen allerdings auch willkommene Abwechslung und Leben in den Alltag. Für die kleinen Gäste ein absolutes Highlight: der Wäscheschacht im Flur des Hauses. Unermüdlich laufen sie in den ersten Stock, schmeißen verschiedene Gegenstände in das schwarze Loch, rennen in den Keller und gucken nach, ob diese tatsächlich ankommen.

Diese Begeisterung lässt niemanden kalt. Mehr noch:

WIR ALLE TRAGEN EINE TIEFE KRAFT IN UNS, DIE NACH ABENTEUER, ERKENNTNISSEN UND ERLEBNISSEN RUFT.

Ein Leben, gefangen in der Zeitschleife dauernder Wiederholungen, wäre unsere Hölle. In der US-amerikanischen Filmkomödie »Und täglich grüßt das Murmeltier« passiert genau das der Hauptfigur Phil Connors. Der zynische Wettermoderator erlebt bei jedem Aufwachen wieder und wieder den 2. Februar. Zunehmend verzweifelt begeht der von Bill Murray gespielte Charakter auf vielerlei Weise Selbstmord – nur, um am nächsten Tag zu erkennen, dass derselbe Tag wieder von vorn beginnt.

Stelle dir vor, dein Leben würde alle 24 Stunden unter den immer gleichen Bedingungen starten, bis in alle Ewigkeit. Du drehst dich im Kreis, läufst im Hamsterrad. Was löst das in dir aus? Wenn Bäume nicht mehr wachsen, sterben sie. Wenn Menschen nicht mehr (persönlich) wachsen, werden sie unglücklich, verbittert und krank – ein Grundbedürfnis verkümmert und unser Geist wird unterfordert. Wichtig ist, dass wir die Stagnation tatsächlich wahrnehmen. Erfreulicherweise hat Phil Connors nicht nur dieses Wissen, sondern er findet Erlösung, als er erkennt, dass er sich verändern kann und seinen Charakter zum Besseren bildet. Auch unser Leben bietet vielfältige Chancen der Entwicklung.

Veränderung kommt aus dir

Schließe für einen Moment deine Augen. Ziehe deine Schultern hoch, lass sie nach hinten fallen und nimm einen tiefen Atemzug. Stelle dir ein Baby vor, ein Menschenbaby oder Tierbaby. Das Baby lächelt dich an, und du kannst gerne zurücklächeln. Schau diesem Wesen tief in die Augen. Und dann schick ein liebevolles »Mögest du glücklich sein« zu dem Baby. Spür in deinen Körper hinein. Hat sich etwas verändert? Wende den Blick zu dir, und schick dir ein liebevolles »Möge ich glücklich sein«. Nimm wieder einen tiefen Atemzug und öffne deinen Augen.

Wie geht es dir? Fühlst du dich auf irgendeine Art und Weise besser? Was ich an solchen kleinen Übungen so liebe: Da »draußen« in der Welt hat sich nichts verändert. Gar nichts! Es ist alles gleich geblieben. Aber du hast dich verändert. Und mit dieser Veränderung nimmst du jetzt die Dinge anders wahr. Für mich ist dies das verblüffend einfache Prinzip von mentaler Stärke und Persönlichkeitsentfaltung.

WENN WIR MIT SCHWIERIGKEITEN IM LEBEN KÄMPFEN, TRACHTEN WIR REFLEXARTIG NACH LÖSUNG IM AUSSEN. WIR WOLLEN, DASS SICH IM UMFELD ETWAS ÄNDERT, DAMIT WIR UNS BESSER FÜHLEN.

Wir können den Prozess umdrehen. Du kannst von innen nach außen gehen, dich in deinem Inneren verändern und mit einer neuen Empfindung und Stimmung durchs Leben gehen. Wie ich dir später noch zeigen werde, ist dieser Ansatz keineswegs trivial. Es geht nicht um die rosarote Brille, die wir uns aufsetzen. Sondern es geht um echte Transformation, die aus unserem gewandelten Gefühlsleben erwachsen kann. Ich möchte dir in diesem Buch ein paar neue Gedanken dazu anbieten und die Wissenschaft dahinter ergründen.

Das Geheimnis mentaler Stärke: Drehe den Spieß um und gehe von innen nach außen.

Dein Streben im Kopf

Schließe doch einfach für eine Minute (Handy darf mitstoppen) die Augen. Vermutlich ist dein Kopf voll von Gedanken und Empfindungen, und der Wunsch, die Augen wieder zu öffnen, wird immer lauter. Wir streben danach wahrzunehmen, zu denken – und zu fühlen.

Dass wir Gefühle haben können, ist ein philosophisches Mysterium. Würde diese Welt nicht genauso funktionieren, ohne ein bewusstes Erleben zu haben? Es ist fast so, als hätte sich dieses Universum einen Beobachter geschaffen, der mal applaudierend und mal kritisierend dem Geschehen eine intensive Bedeutung und persönliche Note verleiht.

Dieses Wunder bist du. Du kannst Sonnenaufgänge lieben und dafür um 5:30 Uhr das Bett verlassen. Du kannst mit hängender Zunge auf einen steilen Berg klettern, nur um den schönen Ausblick und ein Erfolgserlebnis zu genießen. Du kannst dich an der Supermarktkasse Hals über Kopf verlieben und sprichwörtlich Bäume ausreißen. Das bedeutet, in dir, in mir und in uns allen, schlummern beeindruckende Kräfte.

Erstaunlich ist, dass unsere Fähigkeit zu fühlen über lange Zeit nicht nur verdrängt, sondern sogar als Hokuspokus abgetan worden ist. In der Psychologie des 20. Jahrhunderts galt über Jahrzehnte die vorherrschende Richtung, Gefühle völlig aus dem Blickfeld der Wissenschaft zu verjagen. Im *Behaviorismus* sollte sich die Forschung rein auf das Messen von Verhalten beschränken und Menschen als Reiz-Reaktions-Systeme beschreiben.

Der Ursprung dieses Weltbilds ist mit dem Beginn der modernen Naturwissenschaften zu verorten. Im 16. und 17. Jahrhundert kamen Anatomie und Mechanik groß auf. Physiker begannen die Natur zu vermessen: Masse, Geschwindigkeit, Länge. Biologen und Mediziner betrieben vor allem Anatomie, zerlegten Körper und Organe. Das Herz wurde als Pumpe, das Gehirn mit dem Zusammenspiel von Zahnrädern beschrieben – Metaphern, die uns heute noch begleiten. Das gesamte Universum war aus Sicht der Forscher wie ein gewaltiges Uhrwerk. Dem Berliner Mediziner und liberalen Politiker des 19. Jahrhunderts, Rudolf Virchow, wird das Zitat »Ich habe Tausende von Leichen seziert, aber keine Seele darin gefunden« zugesprochen, eine Aussage, die diese materialistische Denkweise zuspitzt.

Die Folgen dieses Ansatzes sind bis heute tragend, mit ihren Vor- und Nachteilen. Unsere Medizin der Apparate, Skalpelle und Arzneistoffe darf auf großartige Erfolge verweisen. Und doch sitzen wir als Nummern in der überfüllten Ambulanz, um nach einem kurzen Gespräch der Befunde ein Rezept in die Hand gedrückt zu bekommen – und mit vielen Fragen, Sorgen und Wünschen allein zu bleiben. Wer eine ganzheitliche Behandlung möchte, muss diese aus privater Tasche bezahlen und sich durch ein Dickicht an undurchschaubaren Angeboten wälzen.

Und auch im Wirtschaftsleben hängt uns dieses Denken – der Mensch als Maschine – nach. Begriffe wie humane Ressourcen, Humankapital oder Belegschaft sind wenig wertschätzendes Vokabular für menschliche Potenziale.

WIR BREMSEN BEREITS DURCH DIE WORTWAHL GUTE GEFÜHLE AUS.

Die modernen Managementtheorien kommen oftmals aus den USA, wo Gefühle schnell mit dem Risiko von subjektiven Urteilen und Diskriminierung in Verbindung gebracht werden. Die berühmte Verhandlungstechnik nach Harvard trachtet zum Beispiel danach, explizit Beziehungs- und Sachebene zu trennen, die eigenen Gefühle wegzuschieben, um zu einem erfolgreichen Verhandlungsergebnis zu kommen.

Dazu fällt mir eine Geschichte ein. Ich hatte einen Coaching-Klienten, einen Abteilungsleiter. Er meinte strikt, Gefühle seien nicht seins. Ich fragte ihn, ob er in einer Partnerschaft sei. Er bejahte. Ich fragte ihn, wie er seine Frau kennengelernt hat. Ob er Businesspläne, gespickt mit Zahlen, Daten und Fakten erstellt habe. »Das ist ja was ganz anderes«, meinte er. Ich fragte ihn nach seinem Fahrzeug. Wir diskutierten über seinen SUV, den er hauptsächlich für die rund zehn Kilometer vom Einfamilienhaus im Speckgürtel Wiens ins Büro und wieder zurück nutzte. Ob da nicht ein paar Pferdestärken weniger unter der Haube eines Kleinwagens reichen würden? Er meinte nein, beim Fahren *fühle* sich das ganz anders an. In dem Moment lachte er, denn er wusste, dass er bei seinen Gefühlen ertappt wurde.

Im Laufe der Jahre habe ich zahlreiche Trainings als Führungskraft absolviert – und alle schlugen in dieselbe Kerbe: Emotionen darf man bestenfalls ansprechen, aber nicht zeigen. Interessanterweise fand ich genau die Chefitäten motivierend, die Emotionen vorlebten. Rundum durchgeschliffene CEOs – ständig professionell und unterkühlt – waren nicht so meine Sache.

Auch wenn es um Entscheidungen von Führungskräften geht, hat die Ratio das bessere Image. Stelle dir eine Topmanagerin vor, die eine Entscheidung mit ihrem Bauchgefühl begründet. Sie verliert vermutlich sofort an zugeschriebener Kompetenz. Unter Umständen wird sie sogar, wenn sie Intuition als Ratgeber angibt, in eine esoterische Ecke gestellt. Besser: Eine sachliche Chefin oder ein teures Beratungsunternehmen stellen dasselbe Urteil, untermauert mit ein paar Zahlen und einem Chart.

Wer kennt nicht den US-Serienklassiker »Raumschiff Enterprise« bzw. »Star Trek« aus den 60er-Jahren des 20. Jahrhunderts? Darin verkörpert Mr. Spock den Prototypen des nüchternen Logikers und Experten. Seine messerscharfen Analysen unterstützen so manche Mission dieser Science-Fiction-Serie. Halb Vulkanier und halb Mensch hat man ihm aber doch immer wieder schwache Momente zugestanden, in denen sich die Gefühle auf sympathische Weise regen. Vor allem war es aber Captain Kirk, als Führungskraft, der mit seiner Menschlichkeit die wichtigen und richtigen Entscheidungen treffen durfte.

Mr. Spock oder Captain Kirk? Lupenreine Logik oder Verstand mit einem kräftigen Schuss Bauchgefühl?

Die Hirnforschung bezieht hier eindeutig Position und schlägt sich auf die Seite von Captain Kirk. Der portugiesische Neurowissenschaftler und Professor an der University of Southern California, António R. Damásio, zeigt, dass wir ohne Emotionen keine vernünftigen Entscheidungen treffen können. Esse ich mittags den Salat oder die Currywurst? Blitzschnell lässt das Gehirn die Emotion zu gesunder Ernährungsweise mit der zu Genuss in Wettstreit treten. Die stärkere Emotion gewinnt.

Erst die Bewertung in unserem Gehirn ermöglicht es, abzuwägen und eine Wahl zu treffen.

WUSSTEST DU, DASS DIE HIRNFORSCHUNG BEGRIFFLICH ZWISCHEN EMOTIONEN UND GEFÜHLEN UNTERSCHEIDET?

Emotionen sind blitzschnelle und reflexartige physiologische Reaktionen auf Situationen. Zum Beispiel: Es drängt sich jemand im Supermarkt vor. Der Blutdruck steigt, und die Muskeln der Hand spannen sich zu einer Faust an. Die Emotion bereitet uns darauf vor, in den Kampfmodus zu gehen. Wenn wir bewusst wahrnehmen, wie es uns gerade geht, gelangen wir zum Gefühl. Wir spüren die Empfindung von Wut und denken uns, dass wir uns diese Unverschämtheit bestimmt nicht gefallen lassen. Gefühle sind damit auch sehr stark mit unseren Gedanken verwoben.

Der Einfachheit halber werde ich in diesem Buch Emotionen und Gefühle austauschbar verwenden, so wie es auch viele Psychologie-Lehrbücher tun. Du sollst aber zumindest wissen, dass manche Wissenschaftler eine Trennung des Begriffspaars vornehmen.

Werfen wir bei dieser Gelegenheit einen kurzen Blick in unser Gehirn. Greife doch mal mit den Händen an deine Stirn und umfasse den Bereich bis ungefähr da, wo die Ohren beginnen. Da sitzt unter der Schädeldecke der Stirnlappen. Unser Denken spielt sich dort ab, genauer an der etwa drei bis fünf Millimeter dünnen äußersten Schicht des Gehirns. Mit dem Stirnhirn können wir logische Schlüsse ziehen, unsere Aufmerksamkeit steuern, aber auch Impulse unterdrücken. Allesamt Funktionen, die in unserer Kulturgeschichte als erstrebenswert erachtet wurden. Bei Mr. Spock wäre dieser Bereich eine massive Struktur.

Würden wir das Gehirn in zwei Längshälften schneiden, könntest du den inneren Bereich erkennen. Einen großen Teil davon nimmt das limbische System ein. Das limbische System ist keine bestimmte anatomische Struktur, sondern mit diesem Begriff werden Bereiche im Gehirn zusammengefasst, die unsere Emotionen, Motive und Triebe verarbeiten. Ein wichtiger Teil des limbischen Systems ist die Amygdala – sie färbt emotional ein und ist der Ort, an dem Ängste abgespeichert werden.

Gefühle unterscheiden sich von den Emotionen im Gehirn dadurch, dass neben dem limbischen System auch der Stirnhirnbereich beteiligt ist. Deine Aufmerksamkeit und dein Denken richten sich auf die Emotion und verarbeiten diese. Aber noch etwas kommt hinzu. Wenn du mit deinem

Zeigefinger im hintersten Bereich des Stirnhirns bei den Ohren seitlich runter zu den Schläfen fährst, wäre dort, wo du hinzeigst, ein nach innen geklappter Lappen. Neurowissenschaftler sprechen von der Insel. In diesem Stück Hirn passiert etwas Spannendes: Unser Körperempfinden wird gebildet.

Du kennst diese Empfindungen aus dem alltäglichen Sprachgebrauch: Wir sprechen von Schmetterlingen im Bauch, uns sitzt die Angst im Nacken oder wir haben einen Kloß im Hals. Damit bringen wir zum Ausdruck, wie sich Gefühle körperlich bei uns äußern. Die Wissenschaft kann diese Erfahrung nicht nur bestätigen, sie hat sogar eine Art universellen Code für Gefühle entdeckt.

Lauri Nummenmaa, Neurowissenschaftler an der Universität Turku in Finnland, und sein Team haben dazu bahnbrechende Studien veröffentlicht. Konkret wurden bei rund 700 Versuchspersonen aus Nordeuropa und Ostasien Emotionen durch Worte, Filme, Kurzgeschichten oder Gesichtsausdrücke ausgelöst. Danach mussten sie am Bildschirm jene Körperregionen einfärben, in denen sie stärkere oder schwächere Körperempfindungen verspürt haben. Das Ergebnis: Körperkarten unserer Emotionen. Wer sich ärgert, spürt den Oberkörper inklusive Kopf deutlich mehr, zum Beispiel in Form von Hitze. Wer glücklich ist, hat überhaupt ein gesteigertes Körpergefühl, vom Scheitel bis zur Sohle. Und bei einer Depression fühlen sich Brust- und Bauchbereich leer und kalt an. 2022 hat Lauri Nummenmaa diese Karten objektiv mittels Positron Emission Tomography (PET) Scan bestätigt. Bei dieser medizinischen Untersuchungsmethode wird die Stoffwechselaktivität innerer Organe durch radioaktive Substanzen sichtbar gemacht. Gehirn und der restliche Körper arbeiten also nachweislich eng zusammen, wenn es um Gefühle geht.

Nimm gute Gefühle mit

Ängste, Stress und Stagnation beherrschen unseren Alltag. Wir sind stark auf die Außenwelt fokussiert und suchen dort die Lösung. Wenn wir den Prozess umkehren und von innen nach außen gehen, können wir mentale Stärke erlangen und unsere Persönlichkeit entfalten. Emotionen sind keine Störgrößen, sondern machen aus unserem Leben ein Erlebnis und ermöglichen es überhaupt erst, Entscheidungen zu treffen.

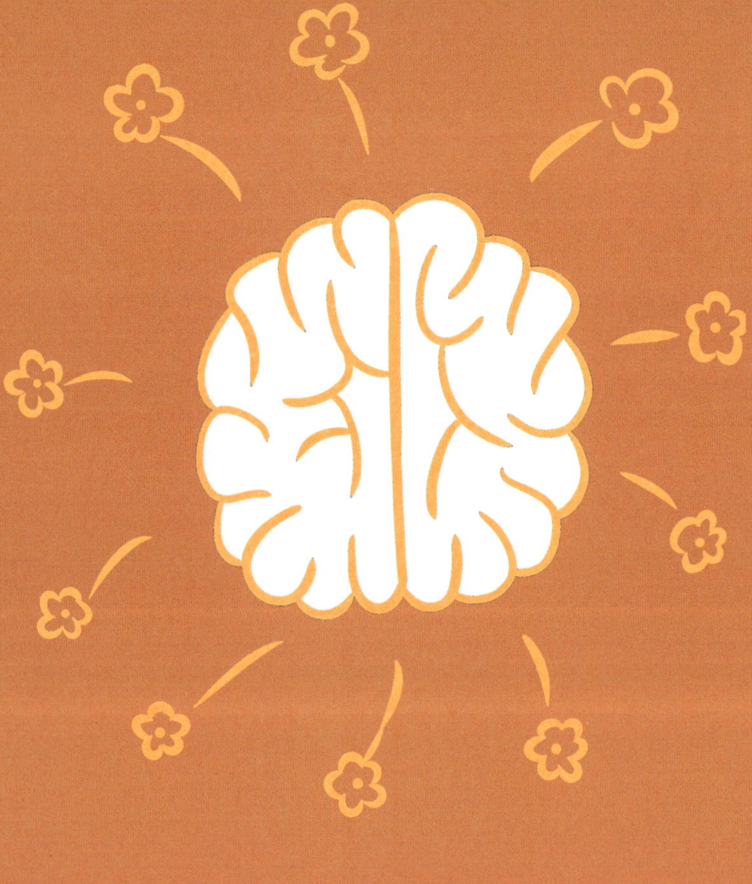

WIE GEHT ES DIR?

Wie geht es dir? Auf diese Frage, die meist nur als höfliche Floskel verwendet wird, kannst du selbstverständlich mit »Danke, gut« antworten. Dir sollte nur klar sein, dass »gut« ein Gedanke ist und dein wahres Gefühl den Körper miteinbezieht. »Mir zieht sich gerade der Magen zusammen, weil es mich vor der dreckigen Hoteldusche ekelt«, wäre demnach die Beschreibung eines Gefühls.

Im letzten Kapitel hast du bereits gesehen, dass der Körper unseren Gefühlen Ausdruck verleiht. Falls du dich jetzt fragst, wie das zum Beispiel bei Menschen mit Lähmungen ist: Ja, hier kann es tatsächlich zu weniger Gefühlserleben und mehr Problemen, Entscheidungen zu treffen, kommen. Wenn jemand vom Hals abwärts nichts spürt, wird es schwierig mit dem Bauchgefühl. Umgekehrt bedeutet das aber, dass wenn wir unsere Körperwahrnehmung verfeinern, wir auch unsere Gefühle sehr viel besser verstehen können.

Du kannst jedes Gefühl zunächst mit zwei Eigenschaften sehr einfach erkunden: der Valenz und der Erregung. Mit Valenz ist gemeint, ob sich die Emotion gut oder schlecht anfühlt. Gute Gefühle wollen wir erleben, negative Gefühle dagegen möchten wir vermeiden, oder wenn sie bereits bestehen, am besten schnell wieder loswerden. Wenn du also eine Körperempfindung erlebst, achte mal auf die Valenz. Wie stark oder schwach ist das Gefühl ausgeprägt? Die zweite Eigenschaft, die du prüfen kannst, ist der Erregungszustand, also ob die Emotion uns eher in Ruhe versetzt, wie bei Trauer oder Entspannung, oder in helle Aufregung wie bei Ärger oder Freude.

Allein durch diese kleine Entdeckungstour und dass du auf diese zwei Eigenschaften achtest, wird sich deine Beziehung zu deinen Gefühlswelten bereits enorm verbessern. Du erlangst im wahrsten Sinne des Wortes mehr emotionales Feingefühl. Mit etwas Training wirst du immer besser. Im nächsten Schritt kannst du lernen, die genaue Körperempfindung möglichst präzise wahrzunehmen und die Emotion treffsicher zu benennen. Aber welche Gefühle gibt es überhaupt?

Gefühle, die dich bewegen

Ich bitte dich, in 30 Sekunden alle Gefühle aufzuschreiben, die dir in den Sinn kommen. Welche hast du gefunden?

Der US-Psychologe Paul Ekmann hat sieben Basisemotionen – also Emotionen, die Menschen weltweit teilen, und aus denen sich andere komplexere Emotionen zusammensetzen – beschrieben: Freude, Wut, Ekel, Furcht, Verachtung, Traurigkeit und Überraschung. Es ist spannend zu sehen, dass von diesen sieben Emotionen nur eine, nämlich die Freude, klar positiv ist. 86 Prozent der von ihm gefundenen Basisemotionen sind negativ.

Wie war das bei dir? Fielen dir auch schneller und leichter negative Emotionen ein? Der US-Psychologe Roy F. Baumeister, der als Professor für Sozialpsychologie an der University of Queensland in Australien lehrt, hat dieses Prinzip in einer berühmten Publikation auf den Punkt gebracht: »Bad is stronger than good« – das Schlechte wirkt stärker als das Gute. Für ihn ist das ein grundlegendes Prinzip quer über psychologische Phänomene – das eben auch für unsere Emotionen gilt.

NEGATIVES BEEINFLUSST UNSER GEHIRN STÄRKER ALS POSITIVES.

Warum dies so ist, lässt sich evolutionär erklären. Stelle dir vor, du wanderst in der Steinzeit durch die Savanne – plötzlich ein Geräusch. Deine Begleitung ermahnt dich grunzend, einfach positiv zu denken. Vielleicht war es diesmal kein Säbelzahntiger. Vielleicht hat dein Kumpel sogar in neun von zehn Fällen recht. Aber der eine Irrtum ist leider ein Desaster. Du bist bekömmliches Säbelzahnfutter und deine Gene sind ein für alle Mal aus dem Rennen.

Übrigens beruhen Paul Ekmans Gedanken auf denen des britischen Naturforschers und Begründer der Evolutionstheorie Charles Darwin. Dieser hat 1872 mit »The Expression of the Emotions in Man and the Animals« ein Werk zur Herkunft und Bedeutung von Emotionen verfasst. Er ging davon aus, dass Menschen ihre Emotionen von tierischen Vorfahren geerbt haben, die als Reaktion auf bestimmte Auslöser hervorgerufen werden und für andere Signalwirkung aufweisen. 13 Jahre nachdem er Menschen eine tierische Herkunft attestierte, hat Darwin dies auch für Emotionen behauptet. Für die wissenschaftliche Szene seiner Zeit war das eine Unverfrorenheit –, weshalb sein Buch über Emotionen boykottiert wurde und viele Jahrzehnte in Vergessenheit geriet.

Paul Ekman meint, angeborene Gesichtsausdrücke zu Basisemotionen gefunden zu haben. Das würde bedeuten, dass wir lernen können, diese zu erkennen und so in Menschen wie in einem offenen Buch lesen könnten. Die US-Serie »Lie to me« beruht auf diesen Vorstellungen und macht zu Thema, wie mittels Gesichtsausdruck Lügner enttarnt werden. Die Idee ist faszinierend, aber nach neueren wissenschaftlichen Erkenntnissen falsch. Vor wenigen Jahren veröffentlichten Psychologen eine Metastudie und kamen zum Fazit, dass wir deutlich mehr Ausdrucksformen für Emotionen haben, und dies nicht nur mit der Absicht, unsere Gefühle zu zeigen. Ebenso wichtig ist es, diese auch gezielt verbergen zu können. Unsere Mimik dient also je nach Situation nicht nur der Kommunikation unserer Gefühle, sondern auch der Verschleierung oder Täuschung über das, was wir gerade empfinden. Und das, ohne dass uns dies bewusst zugänglich wäre. Vor dieser Herausforderung stehen gerade Entwickler, die mittels Videokameras nicht nur Gesichter erkennen, sondern über künstliche Intelligenzen auch Rückschlüsse auf Gefühlszustände erlangen möchten. Erfreulich, dass dies nicht einfach so geht.

Über wie viele Emotionen wir verfügen – darüber streitet die Psychologie. Wenig verwunderlich, da es in der Zunft nicht einmal eine einheitliche anerkannte Definition für Emotionen gibt. Dacher Keltner, Professor für Psychologie an der University of California, Berkeley und Gründer des Greater Good Science Institute, meint, mindestens 27 verschiedene Kategorien von Emotionen aufgespürt zu haben. Die Autorin und Sozialwissenschaftlerin Brené Brown kommt in ihrem aktuellen Atlas auf 87 Emotionen, die unser Leben maßgeblich beeinflussen. Du findest die Liste hier: *https://brenebrown.com/resources/atlas-of-the-heart-list-of-emotions/* Ein Blick darauf lohnt sich, um die Sinne für die Vielfalt unserer Emotionalität zu schärfen. Ich spreche in diesem Zusammenhang gerne vom emotionalen Reichtum, den wir uns erschließen können.

Bei dieser Gelegenheit können wir gleich einen Mythos über Emotionen untersuchen, der unser Denken in Alltag und Beruf prägt. Es geht um das Klischee, Frauen wären emotionaler als Männer. Anders gefragt: Haben Frauen nicht deutlich mehr Emotionen und zeigen diese auch stärker? 2021 wurde dazu eine interessante Arbeit veröffentlicht. Die Studie an der University of Michigan in den USA hat über 75 Tage emotionale Schwankungen von Frauen und Männern erfasst. Was denkst du, sind die Schwankungen bei Frauen ausgeprägter? Das Ergebnis dieser Studie: Es gibt keine wesentlichen Unterschiede zwischen den Geschlechtern. Auch die hormonellen Schwankungen, die Frauen oft klischeehaft zugeschrieben wird, erweisen sich gegenüber Einflüssen aus der Umwelt als vernachlässigbar gering.

DAS VORURTEIL, FRAUEN WÄREN EMOTIONALER ALS MÄNNER UND UNTERLÄGEN GRÖSSEREN STIMMUNGSSCHWANKUNGEN, KONNTE AUSGERÄUMT WERDEN.

Das hat Sprengkraft: Medizinische Studien wurden bis ins späte 20. Jahrhundert hinein überwiegend an Männern durchgeführt, da es gängige Ansicht war, dass emotionale und hormonelle Schwankungen bei Frauen die Ergebnisse zu sehr verfälschen. Unsinn!

Lange Zeit wurden nicht nur emotionale Launen, sondern auch krankhafte Gefühlsausbrüche als Eigenheit den Frauen zugeschrieben – in der Medizin Hysterie genannt. Der Begriff wurde vom antiken Arzt Hippokrates eingeführt und kommt vom altgriechischen *hystéra* für Gebärmutter. Hippokrates war tatsächlich der Ansicht, dass bei diesen emotionalen Ausbrüchen die Gebärmutter im Körper herumwandert. Im Mittelalter galt die Hysterie als Besessenheit vom Teufel – oftmals war der Scheiterhaufen die Folge. Und zu Freuds Zeiten um 1900 waren gefühlsbetonte Ausbrüche die körperliche Konsequenz verdrängter weiblicher Wünsche. Sigmund Freud war bekanntlich sehr kreativ und konnte zu fast jedem Thema eine abenteuerliche Sex-and-Crime-Story kreieren.

In der Psychiatrie ist mittlerweile das Wort »dissoziative Störung« gebräuchlich – und das hat nichts mit dem

Geschlecht, sondern mit erlebten Traumata zu tun. Dieser kleine geschichtliche Abriss zeigt, mit welch fürchterlichem Bild Frauen konfrontiert waren. Mythen bar jeder Wissenschaft sind nicht nur nette harmlose Geschichten, sondern können dramatischen Schaden anrichten.

Heute müssen wir uns eingestehen: Emotionen werden mit zweierlei Maß gemessen. Wenn der portugiesische Fußballer Ronaldo nach einer Niederlage Tränen vergießt, gilt er als leidenschaftlich. Frauen unterstellt man dagegen bei emotionalen Reaktionen Drama. Höchste Zeit, diese veralteten und diskriminierenden Ansichten über Bord zu werfen.

EMOTIONALE FRAUEN UND RATIONALE MÄNNER? WISSENSCHAFTLICH MUMPITZ.

Übrigens: Einen spannenden Aspekt gibt es zum Thema Emotionen und Männer noch. Ein Klient kam mit folgender Geschichte zu mir.

Die Sonne geht gerade auf – und es ist schon über 20 Grad warm. Der Mann sitzt wie ein geprügelter Hund in einem Liegestuhl der Hotelanlage am Roten Meer und starrt ins Leere. Für die Schönheiten dieses Ortes hat er keinen Blick mehr, geschweige denn irgendeine Empfindung. Die Brust brennt so heftig, dass er kaum ruhig sitzen kann. Die ganze Nacht blieb er wach, den Kopf voller Fragen. Es war kein Unfall, es war kein Attentat, und doch irgendwie gefühlt eine Mischung von beidem, was ihm gerade passiert war. Vor wenigen Tagen noch der glücklichste Mensch auf der Welt, im siebten Himmel verliebt, versteht er nun nur noch Bahnhof und grübelt vor sich hin. Wieso hat sie sich plötzlich von ihm getrennt? Was lief falsch?

Dieser Mann, nennen wir ihn Kurt, hat kaum Antrieb, kaum Appetit, kann sich kaum konzentrieren. Wie ein Süchtiger auf Entzug dreht sich alles um die Herzensdame. Was er wollte: rasch die Gefühle wegstecken und die Frau aus seinem Gedächtnis streichen. Diesen Wunsch konnte ich ihm nicht erfüllen.

Gerade nach Trennungen ist die Abkürzung, also ein Verdrängen der Gefühle oder eine neue Bekanntschaft, verlockend, aber fatal, wenn es darum geht, daraus zu lernen und zu wachsen. Noch schlimmer wäre es zu versuchen, die Ex-Partnerin oder den Ex-Partner mit allen Mitteln zurückzugewinnen. Das berühmte »Gib mir doch noch eine Chance« führt fast immer in die leidvolle Sackgasse.

Warum eigentlich? Im Grunde ist es so einfach, dass wir es leicht übersehen können. Wenn wir zu jemandem »Ich liebe dich« sagen – wer empfindet dieses Gefühl? Richtig, die Person, die diesen Satz sagt. Nicht die andere Person, für die dieser Satz gedacht ist und sich davon vielleicht in die Enge gedrängt sieht. Kurt durfte bei allen Menschen seinen Gefühlen Ausdruck verleihen, nur nicht bei seiner Ex-Partnerin und allen, die sie kennen. Es fiel ihm schwer. Aber er verstand, dass diese schmerzhafte Phase ihm helfen könne, an Reife und Charakter zu gewinnen.

Gloria Gaynors besingt in »I will survive« eine schmerzhafte Trennung, die sie am Ende aber stärker gemacht hat. Kurt ging diesen Weg und lernte, belastende Gefühle nicht nur auszuhalten, sondern in produktive Energie wie Krafttraining oder beruflichen Aufstieg umzuwandeln. Als er seine ehemalige Partnerin nach einiger Zeit wiedertraf, war ein Neuversuch kein Thema mehr für ihn. Er merkte, wie verschieden sie waren und wie sich seine Standards geändert hatten.

Kurt und seine Herausforderung, eine Trennung zu meistern, ist keine Ausnahme. Mittlerweile bestätigt dies auch die Wissenschaft. 2021 veröffentlichten Psychologinnen der Lancaster University in Großbritannien: Geht man nach den Berichten von über 184.000 Personen in Onlineforen, klagen Männer bei Beziehungsproblemen und Trennungen vermutlich über stärkeren emotionalen Schmerz. Insbesondere Kummer und Herzschmerz werden von Männern deutlich mehr thematisiert – und Männer suchen auch mehr nach Hilfe in einschlägigen Foren. *Emotionale Frauen und kühle Männer? Von wegen!*

Gilt der Spruch »Was uns nicht umbringt, macht uns stärker«, der auf den Philosophen Friedrich Nietzsche zurückgeht und den Gloria Gaynor musikalisch ausdrückt, aber tatsächlich im Leben? Posttraumatisches Wachstum, wie der Fachbegriff dazu lautet, ist ein Riesen-Forschungsthema. Fast 4000 wissenschaftliche Publikationen finden sich aktuell in der Datenbank.

Wachstum nach schwierigen Erlebnissen ist eine uns innewohnende Fähigkeit.

Wandle Schmerz in Wachstumsschmerz

Nimm ein negatives Ereignis aus deinem Leben und überlege, welchen Einfluss es auf dich hatte. Was hast du daraus gelernt? Was könntest du noch daraus lernen? Welche Fähigkeit konntest du dadurch stärken? Welche Fähigkeit könntest du dadurch noch stärken?

Posttraumatisches Wachstum kann nach unterschiedlichsten Erlebnissen, etwa Trennung, Krebs, Missbrauch bis Flucht aus Kriegsgebieten, passieren. Rund 70 Prozent der Menschen schaffen es, daraus gestärkt hervorzugehen. Das bedeutet, sie können bessere Beziehungen führen, das Leben mehr schätzen, finden neue Chancen, erleben ihre persönliche Stärken intensiver oder erlangen spirituelles Wachstum.

Auch wenn dies hoffnungsvoll klingt, ist der Preis für diesen Gewinn, durch das Tal der Tränen wandern und sich sehr intensiv mit den negativen Emotionen auseinandersetzen zu müssen. Die US-Psychologin Amy Canevello hat mit ihrem Team 2020 folgende Faktoren identifiziert, die uns nach Krisen, Schicksalsschlägen und Traumata stärker machen: negative Emotionen mit anderen zu teilen, über das Erleben nachsinnen und Neubewerten des Ereignisses gehören unter anderem dazu.

So ging es auch Kurt, der in den Monaten nach der Trennung sehr viel über sich selbst verstand, die Trennung als Lernerfahrung sah und sich emotional weiterentwickelte. Letzteres ist übrigens auch ein absoluter Erfolgsbooster am

Singlemarkt. Neben den Attributen »attraktiv« und »humorvoll« soll für die meisten Deutschen das Gegenüber auch Vorzüge in der Emotionalität aufweisen: Taktgefühl und Einfühlungsvermögen stehen dabei laut einer Umfrage im Auftrag einer Online-Partneragentur mit 79 Prozent weit vor Allgemeinwissen und Klugheit, wenn es darum geht, als sexy betrachtet zu werden.

Nimm gute Gefühle mit

Gefühle sind unsere unterschätzte Superpower. Die Wissenschaft zeigt: Unser Leben wird durch emotionalen Reichtum geprägt. Frauen wie Männer sind dabei gleichermaßen emotional. Unser Gehirn wird von negativen Eindrücken weit stärker beeinflusst. Negative Emotionen sind Teil des Gesamtpakets »Leben« und bieten uns die Chance, an unliebsamen Erfahrungen und Schicksalsschlägen mental zu wachsen.

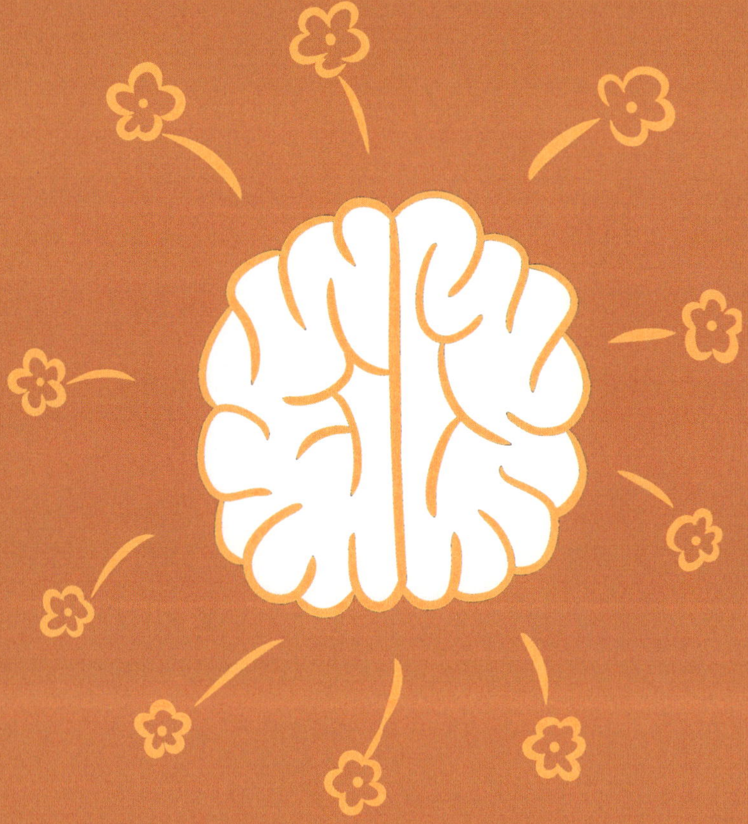

PROBLEMZONE KOPF NICHT KASCHIEREN

Wie beende ich eine toxische Beziehung? Wie erkenne ich einen Narzissten? Wie überwinde ich mein Trauma? Bist du schon mal in einer toxischen Beziehung gewesen, kennst du Narzissten, und gibt es Dinge, die dich triggern? Ich habe den Eindruck, wir pathologisieren gerade alles. Uns, andere, die Gesellschaft. Wenn wir genauer hinsehen, sind es meist keine psychischen Erkrankungen, keine schweren Krisen, die wir hier dramatisieren, sondern das, was wir erleben, ist schlicht und einfach das Leben.

Und für die meisten von uns ist Leben eine emotionale Achterbahnfahrt. Von der Geburt bis zum Tod sind neben Erfolgen, Liebesbeziehungen und Urlaube eben auch Krankheiten, Schmerzen und Schicksalsschläge im Preis des Gesamtpakets inbegriffen.

Sieh dir mal folgendes Bild an und entscheide, von welcher Seite du es gerade am liebsten betrachten möchtest: Die beiden Punkte links als Augen oben oder die beiden Punkte rechts als Augen oben …

:):

Welches dieser beiden Emoji du dir wählst, das lachende oder das traurige, ist allein deine Wahl. Wie wir das Leben insgesamt beurteilen, ist keine Frage von Intelligenz, sondern eine Frage unserer emotionalen Grundhaltung. Vergleichen wir dazu zwei große Denker aus Deutschland: Gottfried Wilhelm Leibniz, Philosoph der frühen Aufklärung, war überzeugt: Wir leben in der besten aller möglichen Welten. Rund 100 Jahre später meinte Arthur Schopenhauer, ebenso ein philosophischer Superstar: Wir leben in der schlechtesten aller möglichen Welten. Zwei kluge Menschen, die beide als große Denker in die Geschichte eingingen. Und doch zu völlig unterschiedlichen Grundaussagen über die Welt kamen. Ob wir also das Augenpaar links oder rechts wählen, Frohnatur oder Miesepeter sind, hängt von unserer Persönlichkeit ab.

Der deutsche Philosoph Ansgar Beckermann und der amerikanische Theologe William Lane Craig lieferten sich eine Debatte, ob Gott existiert. Auf höchstem intellektuellem Niveau stellte jeder sauber seine logischen Argumentationsketten dar. Und doch ist leicht festzustellen, wie viele Emotionen in ihren Schlussfolgerungen stecken, wie jeder beharrlich seine Werte und Überzeugungen verteidigt und die Argumente eindringlich wiederholt. Du findest die Diskussion auf YouTube, wenn du magst. Spirituelle Fragen wie die nach dem Sinn von allem und nach der Existenz Gottes, sind eine Frage deiner emotionalen Grundeinstellung und weniger die deines Denkprozesses. Heute dürfen wir sogar noch einen Schritt weitergehen. Denn während Sigmund Freud noch als vehementer Atheist den Glauben insgesamt als »Neurose« abgetan hat, wissen wir heute aus den Studien zur positiven Psychologie: Glaube ist nicht krank, sondern im Gegenteil: eine Ressource, die uns gesünder leben lässt und stärkt. Wobei Glaube sehr weit gefasst werden darf.

Wenn eine eher ängstlich-depressive Persönlichkeit auf wenig gute Bindungserfahrungen und viel Stress trifft, bekommt die Psyche Dellen. In den letzten Jahren ist der Bedarf an professioneller Hilfe – Psychotherapie wie psychologische Beratung – immens gestiegen. Die Wartezeit auf einen Psychotherapieplatz liegt aktuell bei mehreren Monaten. Eine Ausbildungsteilnehmerin an meinem Institut meinte dazu, dass die mangelnden freien Plätze kein Wunder wären. Immerhin verbrächten dort Patienten und Patientinnen Jahre. Sie verglich dies mit Straßenbahnen, die umso voller sind, je mehr sie Verspätung haben. Ich weiß nicht, wie ironisch sie das meinte. Definitiv sehr humorvoll bekennt Woody Allen sich dazu, viele Stunden auf der Couch verbracht zu haben. »Ich gebe meinem Psychiater noch ein Jahr, dann fahr ich nach Lourdes.« Er zelebriert dabei seine neurotische Ader genüsslich und hat sie zu einem Markenzeichen und Erfolgsfaktor gemacht.

LASS UNS MAL MENTALE GESUNDHEIT NEU DENKEN. ES GEHT UM WEIT MEHR, ALS SYMPTOME LOSZUWERDEN.

Zum einen gibt es einiges an Hightech-Lösungen. So können wir zum Beispiel die Psyche stärken mittels Apps am Smartphone, Biofeedback und in virtuellen Realitäten (VR). Ich forsche an allen drei Ansätzen – gegen Ängste, Depression, Süchte, schlechte Gewohnheiten und natürlich auch gegen Stress gibt es sehr sinnvolle Lösungen am Handy und PC. Zum anderen aber bedeutet mentale Gesundheit aus meiner Sicht nicht, bloß irgendeine »Macke wegzukriegen«.

Es geht um die Entwicklung einer gesunden Persönlichkeit. Es geht um Kompetenzen für Alltag, Beruf, Beziehungen und Selbstverwirklichung. Es geht um Fragen, die unser Leben betreffen. Wie kommuniziere ich? Mit anderen und mit mir selbst? Was sind meine Bedürfnisse, meine Motive und Werte? Wo liegen meine Stärken und Schwächen? Wie kann ich mich entspannen? Was gibt mir Energie und Lebensfreude? Wo spüre ich welches Gefühl, wie kann ich es konkret benennen, und wofür ist es mir nützlich?

Wir brauchen tiefere Einblicke in die eigene Persönlichkeit und Werkzeuge, diese zu entdecken, zu entwickeln und einzusetzen. Am besten präventiv und von früher Kindheit an – aber natürlich auch gerade dann, wenn es uns nicht so gut geht. Deshalb bin ich ein großer Verfechter von Coaching auf Krankenschein.

Aber halt – bringt das wirklich so viel? Und wo ist der Bezug zu unseren guten Gefühlen? Viele Menschen denken, Persönlichkeit wäre in Stein gemeißelt. Sie gilt als kaum veränderbar und falls doch, dann führt dies dazu, dass wir nicht mehr »wir selbst sind«. Und unauthentisch möchte niemand sein. Schauen wir uns diesen Punkt mal näher an.

Wer bist du? Was macht deine Persönlichkeit aus? Und woher kommen diese Eigenschaften?

UNSERE PERSÖNLICHKEIT FÄLLT NICHT VOM HIMMEL – SIE IST EIN PRODUKT.

Sie ist ein Produkt unserer Gene, frühester Kindheitserfahrungen, späterer Lebenserfahrungen und auch des Einflusses, den wir auf uns selbst ausüben. Die Persönlichkeitsentwicklung startet dabei viel früher als noch vor einigen Jahren gedacht.

Erlebt die werdende Mutter viel Stress oder gar traumatische Erlebnisse, wandert eine hohe Dosis des Stresshormons Kortisol über die Nabelschnur und die Blut-Hirn-Schranke ins Gehirn des Ungeborenen. Dort stört zu viel Kortisol die Entwicklung eines Hirnbereichs, der Hippocampus genannt wird. Dieser ist unter anderem für die Beruhigung nach Stresserfahrungen zuständig. Der Embryo bekommt die neurobiologische Veranlagung mit, sich leicht aufzuregen, aber sehr schlecht wieder abzuregen können. Die Folge: Dieser Mensch kann später Stress nur langsam und schwach abbauen. Er wird eher Neuem und allem, was Stress hervorruft, aus dem Weg gehen, in erster Linie Hindernisse und Probleme, statt Herausforderungen und

Chancen sehen. Eine ängstlich-depressive Grundstimmung und ein introvertiertes Verhalten begleiten ihn.

In der Hirnforschung sprechen wir in diesem Zusammenhang vom Temperament. Das Temperament ist der Kern unserer Persönlichkeit. Es ist, vereinfacht gesagt, die Tendenz, das Glas halb leer statt halb voll zu betrachten.

In der Schwangerschaft ist deshalb Stressvermeidung besonders bedeutsam. Der allererste Schritt einer gesunden Persönlichkeitsentwicklung beginnt allerdings genau genommen sogar noch früher, nämlich vor einer Schwangerschaft. Und zwar für Frauen und Männer. Ernährung, Rauchen und Stress – das alles verändert die Art und Weise, wie unsere Gene abgelesen werden. Und diese Veränderungen in der Regulation, zum Beispiel von Entzündungsgenen, können sich über die Keimzellen auf die nächste Generation übertragen. Epigenetik heißt dieses spannende Phänomen, das zeigt, dass unsere Psyche bereits vor der Geburt geprägt wird.

In den ersten sechs Lebensjahren erlernen wir vor allem unsere emotionalen Muster, am Fundament unserer Gefühlswelt wird gebaut – wovor wir Angst haben, was uns wütend macht oder was uns motiviert. Es sind Lernprozesse, die *emotionale Konditionierung* genannt werden. Unser limbisches System wird in diesem Lebensabschnitt programmiert.

Übrigens erlebe ich immer wieder Mütter, die ein schlechtes Gewissen haben, weil sie ihre Sprösslinge in den Kindergarten schicken. Aus Sicht der Hirnforschung ist dieses Gefühl völlig unbegründet, denn der Kontakt zu anderen Gleichaltrigen ist gerade für die emotionale Entwicklung ab dem vierten Lebensjahr bedeutsam.

Der letzte Schritt unserer Persönlichkeit ergibt sich aus unzähligen Verhaltensweisen und Automatismen, die wir erlernen und abspulen. Viele davon erwerben wir durch Imitation, wir kopieren unbewusst unsere Eltern, Lehrerinnen und Vorbilder. Letztere auch aus dem, was wir über die Medien von ihnen erfahren.

In der Neurobiologie nennen wir die Basis unserer Persönlichkeit, ich hatte es schon erwähnt, Temperament. Darüber stülpen sich unsere Gewohnheiten, unser Charakter. Die Charakterbildung begleitet uns lebenslang.

Du siehst, viele Aspekte unserer Persönlichkeit und unserer Emotionen sind Resultate aus frühester Kindheit und den Einflüssen von außen. Wir sind, was den Kern unserer Persönlichkeit betrifft, hilflos unseren unmittelbaren Bezugspersonen und der Umgebung ausgeliefert. Mehr noch: Was wir als Teil von uns betrachten, als authentisch, tun wir deshalb, weil wir es nicht anders kennen und diese Art zu Denken, Fühlen und Handeln sich automatisiert hat. Dazu gehört zum Beispiel, ob wir auf Pünktlichkeit Wert legen. Einen Ordnungsfimmel haben. Oder schnell aufbrausen.

DIE ENTSCHEIDENDE FRAGE IST, OB WIR MIT DEM, WAS WIR SIND, EINVERSTANDEN SIND, ODER OB WIR NICHT GERNE DAS EINE ODER ANDERE VERÄNDERN MÖCHTEN.

Und falls ja: Inwieweit geht das überhaupt? Für einen ordentlichen Dämpfer sorgt ein Blick in die Fachbücher der Psychologie. Die vorherrschende Lehrmeinung geht davon aus, dass unsere Persönlichkeit ziemlich starr und nur äußerst schwierig veränderbar ist.

Was aber versteht die Psychologie überhaupt unter Persönlichkeit, und wie kommt sie zu diesem Urteil? Persönlichkeitsmerkmale wurden wie folgt ermittelt: Aus Wörterbüchern wurden Wortlisten erstellt – und die Begriffe für Persönlichkeitseigenschaften auf wenige reduziert, die sich nicht überlappen sollen und wesentlich für uns als Menschen sind.

Am geläufigsten ist das Persönlichkeitsmodell der Big Five nach den beiden US-Psychologen Paul T. Costa und Robert R. McCrae, die unsere Persönlichkeit in fünf Merkmalen einstuft:

Big Five Merkmal	Eigenschaft
Extraversion	Gesellig, heiter, optimistisch
Verträglichkeit	Hilfsbereit, kooperativ, harmoniebedürftig
Neurotizismus	Besorgt, unsicher, sensibel
Gewissenhaftigkeit	Organisiert, sorgfältig, zuverlässig
Offenheit	Beschäftigung mit Neuem

Falls du dich anhand dieser Gegenüberstellung nun fragst, ob nicht gesellige Personen ebenfalls eher offen sind, oder besorgte und sensible Persönlichkeiten nicht auch zu gewissenhaftem Verhalten neigen: Willkommen im Klub! Denn tatsächlich bietet das Modell eben keine klare Trennung von einander unabhängigen Merkmalen. Das aus meiner Sicht aber größere Problem: Wir reduzieren Menschen auf einen Durchschnittswert weniger Merkmale. Wie können wir da Veränderungen in sehr spezifischen Eigenschaften und Verhaltensweisen entdecken? Wenn wir die Geschwindigkeit eines Golfs mit einem Porsche vergleichen und den Unterschied in einer Seitengasse mit einer Sanduhr bestimmen, wird nicht viel dabei herauskommen.

Eine Studie über den Zeitraum von 60 Jahren an der University of Edinburgh und der Liverpool John Moores University zeigt, dass unsere Persönlichkeit sich stark wandelt. Der einzige beständige Faktor ist, wie sehr uns Dinge aus der Ruhe bringen können oder eben nicht. Diese Beobachtungen ergeben mit den Ergebnissen des niederländischen Psychologen Peter C. M. Molenaar ein Gesamtbild. Er hat herausgefunden, dass unsere Persönlichkeitsmerkmale innerhalb eines Tages stark schwanken. Der Fachbegriff dafür lautet: IIV – intraindividuelle Varianz. Und nicht nur das: Unsere Persönlichkeitseigenschaften verändern sich, je nachdem, ob wir im Büro, Restaurant oder daheim sind oder mit Freunden oder der Familie zusammen sind. Kennst du dieses Phänomen von dir oder jemandem in deinem Bekanntenkreis: durchsetzungsstark oder diszipliniert im Beruf, aber privat nachgiebig oder locker?

Wir haben oft unterschiedliche Facetten an uns – und eben nicht die eine unverrückbare Persönlichkeit.

Hast du an dir selbst schon einmal festgestellt, dass sich deine Werte in verschiedenen Phasen deines Lebens verändert haben? Der US-Harvard-Psychologe Daniel Gilbert zeigt, dass wir unser Leben in eine Phase des Vergnügens, des Erfolgs und der Ehrlichkeit dritteln. Was aber spannend ist: Befragt man Menschen nach dem Ausmaß der Veränderung der letzten zehn Jahre, wird dieses höher eingeschätzt, als wenn sie Auskunft über das Ausmaß der Veränderung für die nächsten zehn Jahre geben sollen. Und das vollkommen unabhängig vom tatsächlichen Alter und der Lebensphase. Anders gesagt: Wir unterschätzen die eigene Veränderbarkeit in der Zukunft. Daniel Gilbert spricht vom »Wahn der vollendeten Lebensgeschichte«. Dieser Wahn lässt uns irrtümlich glauben, dass wir unser gesamtes Leben die Menschen bleiben werden, die wir gerade sind. Die Idee von wenigen starren und festgelegten Persönlichkeitsmerkmalen ist ein Irrtum. Persönlichkeit ist biegsam und flexibel. Aus dem ehrgeizigen Erfolgsmenschen kann im Laufe der Zeit ein tief spiritueller Mensch werden, aus dem Menschen mit Ordnungs- und Putzfimmel jemand, der gelassen auf das Chaos in der Küche blickt, und die strenge Controllerin eines internationalen Unternehmens mit starren Strukturen macht sich als Kreativtexterin selbstständig und lässt Deckungsbeiträge hinter sich. Nur eines bleibt gleich: Wir selbst unterliegen einer Täuschung des Gehirns und betrachten unsere eigene Veränderbarkeit in der Zukunft als nichtig und gering.

Dass wir uns kaum noch ändern können, ist eine Illusion unseres Gehirns.

Die Frage ist: Möchtest du dies weiterhin glauben? Möchtest du, dass Veränderung im Laufe der Jahre durch dein Umfeld passiert? Oder möchtest du lieber selbstbestimmt deine eigene Persönlichkeit formen und gestalten? Wenn unsere Emotionen so etwas wie die »Atome« unserer Persönlichkeit sind, ist dein Zugang zu deinen Emotionen der Schlüssel dafür. Und es beginnt damit, Emotionen, die dir nicht guttun, unter Kontrolle zu bekommen.

Sehen wir uns näher an, wie wir am besten mit belastenden Emotionen umgehen. Und wie wir Ängste, Ärger oder das Gefühl, nicht gut genug zu sein, in neue Bahnen lenken. Der Sozialpsychologe Paschal Sheeran der University of North Carolina in den USA hat mit Co-Autoren über 209 Studien statistisch untersucht. Herausgekommen ist eine Übersicht, wie wir negative Gefühle rasch und wirksam in den Griff bekommen. Und die Ergebnisse haben Brisanz.

WAS DENKST DU, HILFT AM BESTEN GEGEN NEGATIVE EMOTIONEN: GEDANKEN AN DAS UNERWÜNSCHTE EREIGNIS UNTERDRÜCKEN, DIE NEGATIVE EMOTION UNTERDRÜCKEN ODER EINE DISTANZ ZUR EMOTION AUFBAUEN?

Falls du dich für die letzte Option, die Distanz, entschieden hast, herzlichen Glückwunsch! In der Publikation werden insgesamt fünf Strategien verglichen:

- Unterdrückung von Gedanken
- Unterdrückung von Gefühlen
- Neubewertung der Emotion
- Neubewertung der Situation
- Perspektivwechsel (Distanz aufbauen)

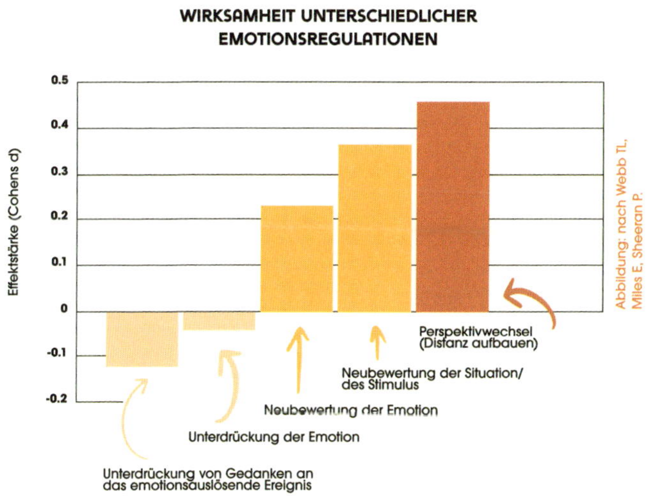

Die Unterdrückung von Gedanken und Gefühlen ist dabei ein Schuss, der nach hinten losgeht. Sie führt dazu, dass die belastenden Gedanken und Gefühle sogar noch stärker ausbrechen. Stelle dir das wie einen Ball vor, den du unter Wasser drückst. Je tiefer du den Ball nach unten drückst, desto stärker drückt er nach oben und springt über die Wasseroberfläche in die Luft.

Je mehr wir negative Emotionen unterdrücken wollen, desto mächtiger machen wir sie.

Was dagegen funktioniert: Die Emotion neu zu bewerten. Praktisch könnte das zum Beispiel so aussehen: Stelle dir vor, du hast vor einer Präsentation Lampenfieber und bist fürchterlich aufgeregt. Statt dich von der Angst lähmen zu lassen, könntest du sie als freudige Erregung interpretieren, die dir Energie schenkt. Der gleiche körperliche Zustand wird von einem anderen Gedanken umrahmt – das Gefühl von Angst schwächt sich ab.

Im vorigen Kapitel hast du die Begriffe Valenz und Erregung kennengelernt. In diesem Fall würdest du bewusst und gezielt die Valenz ändern, also ein schlechtes Gefühl in ein gutes Gefühl übersetzen. Der Erregungszustand der Emotion selbst bleibt gleich.

Eine weitere, laut der Arbeit von Paschal Sheeran noch wirksamere Möglichkeit ist es, die Situation neu zu bewerten. Das bekannte und vielleicht auch etwas abgedroschene »Krise als Chance sehen« fällt darunter. Auch die Geschichte vom Fuchs und den Trauben, die dem griechischen Fabeldichter Äsop zugeschrieben wird, fällt in diese Kategorie. Ein Fuchs versucht die hohen Trauben zu erreichen, schafft es aber aufgrund seiner kleineren Statur nicht. Mit den Worten »Sie sind mir noch nicht reif genug, ich mag keine sauren Trauben« stolziert er zurück in den Wald. Übrigens: Passiert uns ein Missgeschick und Gläser oder Geschirr zerbricht, sagen wir gerne »Scherben bringen Glück«. Auch das ist ein Beispiel für die Neubewertung einer Situation, die uns hilft, emotionale Stärke zu bewahren.

Die wirksamste Strategie gegen negative Emotionen ist dieser Untersuchung zufolge der Perspektivwechsel. Wir schlüpfen in dieser Vorstellung aus uns selbst heraus und beobachten uns und unsere Gefühle aus der Distanz. So kannst du dich bei Ärger beispielsweise in einem Kinosaal auf der Leinwand betrachten – und so schneller Beruhigung erfahren. Oder du nimmst auf Dinge die sprichwörtliche Vogelperspektive ein, lässt unliebsame Erlebnisse im Kopf kleiner, verschwommener und in Schwarz-Weiß nochmal Revue passieren.

AUS DEM BLICKWINKEL DER EWIGKEIT MÖGEN WIR DAS IRDISCHE LEBEN BETRACHTEN. [BARUCH DE SPINOZA]

In der Fachsprache des mentalen Trainings nennen wir die Neubewertung auch Reframing, den Aufbau von Distanz bezeichnen wir als Dissoziation. Bei beiden Ansätzen beruhigen sich die emotionalen Zentren im Gehirn – ganz besonders die Amygdala. Ängste lassen sich mit ihr also wirksam abschwächen.

Falls da noch nichts für dich dabei war oder du nach mehr Tools verlangst: Keine Sorge! Das Arsenal an Möglichkeiten für dein emotionales Detox bietet noch viel mehr. Du kannst dir gerne die Option auswählen, die dich persönlich anspricht. Drei weitere Ansätze aus dem Fundus der emotionalen Werkzeuge stelle ich dir noch vor.

Zunächst einmal ist da die *Achtsamkeit*. Die Achtsamkeit ist in den letzten Jahren zu einem regelrechten Hype avanciert – zum einen, weil das Konzept recht einfach ist, zum anderen, weil es wissenschaftlich betrachtet nachweislich hilft. Besser geht's nicht! Achtsamkeit beinhaltet zu beobachten, ohne zu urteilen oder etwas verändern zu wollen. Dieser Ansatz klingt für sich schon sehr entspannt. Und tatsächlich, ein achtsamer Lebensstil ist ein wirksamer Schlüssel zu mehr Gelassenheit.

Beschreibe ohne Wertung

Betrachte einen Gegenstand in deiner Umgebung jetzt mit Achtsamkeit. Versuche mindestens zehn Eigenschaften zu finden, die diesen Gegenstand beschreiben, ohne ihn zu bewerten. Du darfst ihn gerne in die Hand nehmen oder berühren, um ihn zu erkunden.

Spannend, wie detailreich selbst einfache Gegenstände sein können. Meist sind wir sehr unaufmerksam unterwegs – uns entgehen viele Einzelheiten. Vor allem aber neigen wir dazu, schnell in Kategorien von »Mag ich« oder »Mag ich nicht« einzuordnen. Und uns gegen das, was wir nicht mögen, innerlich wie äußerlich zu sträuben.

Lass uns daher den achtsamen Ansatz mal durchspielen. Stelle dir mal einen Arbeitskollegen vor, der dir nicht sonderlich sympathisch ist. Normalerweise stresst dich die Person, deine Atmung wird flacher, deine Muskeln spannen sich an, und du weichst diesem Menschen aus, so gut es geht. Statt eines Gesprächs ziehst du die Kommunikation via E-Mail vor.

Was wäre, wenn du diesen Kollegen nicht bewertest, sondern einfach nur für dich innerlich beschreibst – Körperform, Stimme, Augenfarbe, Aktentasche, Schuhe … Wenn du Zeit hast, finde auch da zehn Dinge, die einfach so sind. Soll es schnell gehen, zum Beispiel bei einer Begegnung im Flur, reichen drei Dinge.

Was diese Übung bewirkt, ist, dass dein Gehirn in den Zustimmungsmodus kommt. Einfach beschreiben, was ist – das ist ja wahr und dagegen sträubt sich unser Kopf nicht. Negative Emotionen treten in den Hintergrund. Geist und Körper entspannen sich, du bist in der Akzeptanz.

Du kannst allem und jedem mit Achtsamkeit begegnen. Dem Partner, der wieder nicht den Geschirrspüler ausgeräumt hat. Dem Baum vor deinem Fenster, der dir Sonnenlicht raubt. Dem Schmerz im linken Knie. Dem Tinnitus im rechten Ohr. Und natürlich auch jedem Gedanken, jeder Körperempfindung, jedem Gefühl. *Wichtig: Bewerte nicht, beurteile nicht, sondern beschreibe.*

Wie kann das bei Gefühlen genau aussehen? Nehmen wir das Beispiel Angst. Versuch einfach wahrzunehmen, wie sich die Angst bei dir äußert. Welche Gedanken kommen? Was passiert mit der Atmung? Wo spannen welche Muskeln an? Erinnere dich an die finnische Studie zur Körperkarte unserer Emotionen: Wo genau spürst du in deinem Körper die Angst? Ist dort mehr oder weniger Empfindung als sonst?

Entdecke Eigenschaften, statt zu urteilen, gehe mit Neugierde und Interesse auf dein Gefühl zu, statt widerständig und kämpferisch. Du kannst dir als kleine Hilfestellung vorstellen, du wärst eine Forscherin, deren Aufgabe es ist, die Angst sachlich zu dokumentieren. Vielleicht braucht es ein wenig Übung, aber ich kann dir versprechen, dieser einfache Zugang kann dein Leben verändern.

Achtsamkeit trainiert dein Stirnhirn, insbesondere da, wo wir unsere Aufmerksamkeit steuern, und da, wo wir Impulse hemmen und Emotionen kontrollieren. Aufmerksamkeits- und Emotionsregulation werden gestärkt. Der achtsame Zugang zur Körperwahrnehmung verbessert zudem die Verarbeitung körperlicher Empfindungen in der Insula – wir erschließen uns einen feinsinnigeren und damit besseren Zugang zu unseren Gefühlen. Die Körperwahrnehmung profitiert. Bessere Aufmerksamkeits- und Emotionskontrolle, bessere Eigenwahrnehmung – in Summe boostest du deine Selbstregulation und damit ein selbstbestimmteres Leben.

- Eine einfache Form des achtsamen Umgangs mit Emotionen kannst du übrigens fast ohne Training in deinen Alltag einbauen: das »*affect labeling*«. Einfacher geht es kaum: Du gibst deinem Gefühl eine kurze Beschreibung. Benenne die Emotion, wenn sie passiert. Zum Beispiel kannst du sagen: »Ich empfinde gerade Angst.« Wenn du aber auch die Methode der Distanz miteinbauen möchtest, dann ist ein »Da ist Angst« noch effektiver. Es muss nur eine für dich stimmige Beschreibung sein. Wenn du deinem Gefühl einen Namen

> gibst, aktivierst du dein Stirnhirn, den Bereich, der für deine bewusste Aufmerksamkeit und dein Denken zuständig ist. Diese Region bekommt wieder mehr Einfluss im Gehirn und kann der Macht der gegenwärtigen Emotion mehr entgegensetzen. Der US-amerikanische Psychiater Daniel Siegel spricht vom »Name it to tame it«, wörtlich übersetzt bedeutet es »benennen, um zu zähmen«.

Das »affect labeling« erklärt, warum auch gut geführte Gespräche über emotionale Probleme Linderung bringen können. Wenn du einen Schritt weitergehen möchtest, dann kannst du dieses Prinzip nicht nur einsetzen, um schnell ein Gefühl wie Ärger in den Griff zu kriegen. Sondern auch, um langfristig eine schlechte Stimmung zu wandeln. Dafür empfehle ich dir, dich schriftlich mit deinen Gefühlen auseinanderzusetzen. Das gute alte Tagebuch ist keine schlechte Sache.

Allerdings: Bitte schreib oder sprich wohldosiert und achtsam über die negativen Emotionen.

DAS ENDLOSE AUSEINANDERSETZEN MIT PROBLEMEN SCHADET MEHR, ALS ES NUTZT. DU TRAINIERST REGELRECHT DIE PROBLEM-NERVENNETZE IN DEINEM GEHIRN.

Dein Gehirn folgt deinen Gedanken. Wenn du immer wieder an ein Problem denkst, gräbt sich dieses nur noch stärker in deiner Nervenmasse ein. Deshalb ist es besser, kurz der negativen Emotion und Stimmung Beachtung zu schenken und dann zu etwas Neutralem oder Positivem wechseln. So aktivierst du die Nervenzellen deines Problems und macht sie neuroplastisch, das heißt, die Nervenzellen können Kontakte mit anderen Nervenzellen knüpfen. Und genau diese bietest du, wenn du an etwas anderes, nicht Belastendes denkst. Das Problem-Nervennetz bettet sich in ein größeres Nervennetz ein. Kontrastierung nennt sich dieses Prinzip im psychologischen Coaching und in der modernen Therapie. Aus meiner Sicht ist sie das wirkungsvollste Instrument. Das *Kontrastierungsprinzip* steckt auch hinter den zwei nun folgenden Methoden.

In der Selbsthilfe sehr beliebte Möglichkeiten gegen emotionale Last und Stress sind *Klopftechniken.* Dabei wird man angeleitet, an das negative Ereignis zu denken, im Körper das Gefühl wahrzunehmen und dann Akupunkturpunkte zu klopfen. Dieses Prinzip wird in verschiedenen Varianten und unterschiedlichen Namen angeboten. Auch wenn es etwas komisch aussieht, sich selbst an verschiedenen Körperstellen zu beklopfen: Die Methode wirkt tatsächlich. Es gibt mittlerweile zahlreiche Studien, die den Klopftechniken Wirksamkeit bei Stress, Ängsten und anderen emotionalen Belastungen attestieren.

Allerdings: Mit Akupunkturpunkten oder mysteriösen Energieflüssen haben diese Techniken nichts zu tun. Es ist völlig unerheblich, wo und in welcher Reihenfolge du klopfst. Das ist eine gute Nachricht, denn sie bedeutet: Du brauchst dafür keinen teuren Kurs besuchen. Das Klopfen ist kinderleicht umzusetzen.

Klopf dich frei

So geht es: Klopfen hilft, Stress, Angst und andere belastende Emotionen zu verringern. Wichtig ist, dass du klopfst, während du die Belastung verspürst. Ansonsten ist es nett, aber wirkungslos. Das bedeutet: Gehe in Gedanken möglichst intensiv in eine Situation hinein, in der du die Emotion verspürst. Bleib in dem Bild. Gib deiner Belastung einen Wert von 0 (kein Stress) bis 10 (starker Stress). Und klopfe dann jeden Punkt zweimal pro Sekunde über rund zehn Sekunden hinweg. Wenn ein Punkt dir nicht guttut, kannst du auch schneller weitergehen, wenn sich ein Punkt besonders gut anfühlt, dann bleib gerne länger drauf.

Zwei Dinge nur solltest du noch beachten: Schau, dass du während des Klopfens möglichst klar im Bild einer – mit dem negativen Gefühl verbundenen – Situation bleibst. Und klopfe, wenn es dir besser geht, sprich der Stresswert sich deutlich Richtung 0 gesenkt hat, ein anderes Bild durch, das dich stresst und du mit dem Problem verbindest.

Beispiele für Punkte, die du klopfen kannst

1 – IA: innerer Augenbraunpunkt

2 – SA: seitlicher Augenpunkt

3 – JB: Jochbeinpinkt unter d. Auge

4 – UN: unter Nasen-Punkt

5 – KG: Kinngrubenpunkt

6 – SB: Schlüsselbeinpunkt

7 – UA: Unterarmpunkt

8 – RP: Rippenpunkt

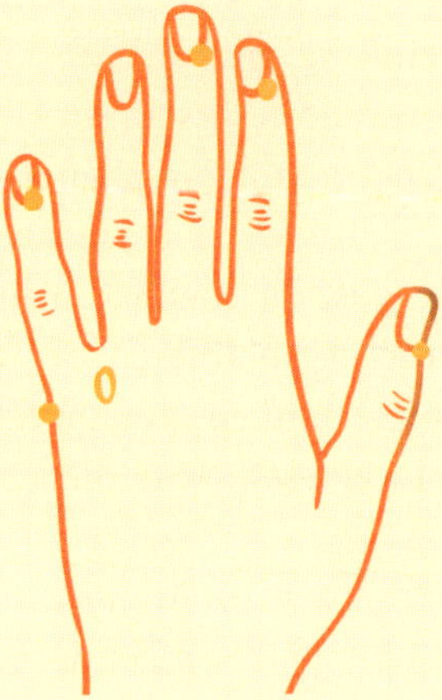

9 – Daumen

10 – Zeigefinger

11 – Mittelfinger

12 – kleiner Finger

13 – Handkante

14 – Handrückenregion

Wenn dich diese Selbsthilfetechnik interessiert, schau dich doch gerne in Büchern, Online-Anleitungen und Videos des deutschen Psychiaters Michael Bohne um. Er ist einer der Kapazunder dieser Methode.

Eng verwandt und gleiches Konzept: das *Winken*. Dabei folgen deine Augen den Fingern, die vor deinem Kopf hin- und hergehen. EMDR wird diese Methode in der Psychotherapie genannt – »Eye Movement Desensitization and Reprocessing« oder auf Deutsch »Desensibilisierung und Verarbeitung durch Augenbewegung«. Die EMDR wird sogar in der Traumatherapie angewandt und kann wie das Klopfen auf zahlreiche Studien verweisen, die ihre Wirkung belegen.

Du brauchst kein winkendes Gegenüber, um vom Prinzip dieser Technik zu profitieren. Stelle dir auch hier ein Bild einer negativen Situation vor, spüre das damit verbundene Gefühl und bewege deinen Blick, während du deinen Kopf ruhig hältst. So kannst du zum Beispiel deinen Blick von links unten nach rechts oben wandern lassen, im Uhrzeigersinn kreisen, gegen den Uhrzeigersinn, von oben nach unten usw. Auch hier kannst du nicht viel falsch machen, denn wie sich deine Augen bewegen, ist unerheblich. Klopfen und Winken kannst du natürlich kombinieren, so wie überhaupt alle hier vorgestellten Techniken miteinander kombiniert werden können. Schau einfach, was dich anspricht und was dir guttut.

Warum aber funktionieren diese seltsam anmutenden Techniken überhaupt? Es steckt ein sehr banaler Grund dahinter, der nichts mit Akupunkturpunkten, Augenbewegungen im Traum oder gar einer Verbindung von linker und rechter Hirnhälfte zu tun hat. Du aktivierst, während du negative Gefühle erlebst, mit Klopfen und Winken dein Stirnhirn. Dadurch lenkst du dich ein wenig ab, kannst aber durch die Beteiligung des bewussten und denkenden Teils deines Gehirns das belastende Bild besser verarbeiten. Wenig überraschend: Auch hier kommt es zu einer Beruhigung der Amygdala.

Du willst noch mehr? Dann machen wir es wie Hollywood! Ob Thriller oder Romanze – die Filmindustrie setzt, seit es Kino gibt, auf die *Macht der Musik*. Melodie, Rhythmus und Klang funken schnell in unseren limbischen Part des Gehirns. Was wäre der filmische Untergang der Titanic ohne die Bordkapelle, die »Näher, mein Gott, zu dir« spielt? Diese Szene beruht laut Augenzeugenberichten auf einer wahren Begebenheit. Um die Angst der Passagiere zu besänftigen, spielten Wallace Henry Hartley und seine achtköpfige Musikergruppe tatsächlich bis zum bitteren Ende. Was für eine mentale Stärke, was für Helden – Gentlemen, es war mir eine Ehre, über euch hier schreiben zu dürfen.

Aber zurück zur Musik selbst – und wie sie auf unsere Emotionen wirkt. Hast du schon von *binauralen Beats* gehört? Sie sind ein Social-Media-Trend gegen Ängste, Konzentrationsprobleme und für besseren Schlaf. Die binauralen Beats funktionieren so: Du hast einen Stereokopfhörer auf und bekommst zwei leicht unterschiedliche Töne, einen Ton fürs linke und einen fürs rechte Ohr. Beide Töne sind tief und unterscheiden sich nur gering in ihrer Frequenz. In deinem Gehirn entsteht eine akustische Täuschung – du nimmst einen Mischton wahr. Dieses Phänomen wurde bereits 1839 vom deutschen Physiker und Meteorologen Heinrich Wilhelm Dove entdeckt.

Dein Gehirn folgt der Frequenz des Mischtons – dieser Effekt wird »Frequenz-Folge-Reaktion«, kurz FFR genannt. Vielleicht hast du schon davon gehört, dass es unterschiedliche Hirnwellen gibt. Wenn man Elektroden auf die Kopfhaut setzt, lassen sich feine elektrische Ströme messen, die auf gemeinsame Nervenzellaktivitäten zurückgehen. So gibt es bei Entspannung Alpha-Wellen oder bei konzentrierter Wachheit Beta-Wellen.

Diese Hirnzustände lassen sich tatsächlich mit binauraler Musik hervorrufen. Dadurch verändert sich dein Wachheitszustand, deine Stimmung, dein Umgang mit Emotionen. So hat eine Studie aus Großbritannien gezeigt, dass die akute Angst vor einer Operation mit Vollnarkose um 26 Prozent gesenkt werden kann – allein durch binaurale Beats.

Übrigens: Auch dein physiologischer Zustand beeinflusst, wie du dich fühlst. Bist du ab und an »hangry«? Dieses Zwitterwort aus dem englischen »hungry« für hungrig und »angry« für zornig hat tatsächlich eine wissenschaftliche Basis. Eine Studie aus 2022 von Forschern um den Psychologen Viren Swami und der österreichischen Karl Landsteiner Privatuniversität für Gesundheitswissenschaften belegt die starke Verbindung von Hunger und negativen Emotionen. 64 Probanden berichteten über drei Wochen mehrmals am Tag, ob sie Hunger, Ärger, Reizbarkeit, Vergnügen und Erregung verspürten. Insgesamt wurden 9142 Antworten untersucht. Das Ergebnis: Höhere Level an Hunger stehen mit stärkeren Gefühlen von Ärger und Reizbarkeit und geringerem Empfinden von Vergnügen in Zusammenhang. In diesem Sinne: Guten Appetit!

Nimm gute Gefühle mit

Du bist deinen negativen Gefühlen nicht ausgeliefert. Wann immer dich ein Gefühl plagt – unterdrücke es nicht, verdränge es nicht. Sondern gehe auf Distanz, beschreibe es oder begegne ihm mit Achtsamkeit. Nutze auch gerne die Kraft der Kontrastierung oder der Musik. Wende dich deinem Gefühl zu, ohne dich davon verschlucken und hineinstrudeln zu lassen.

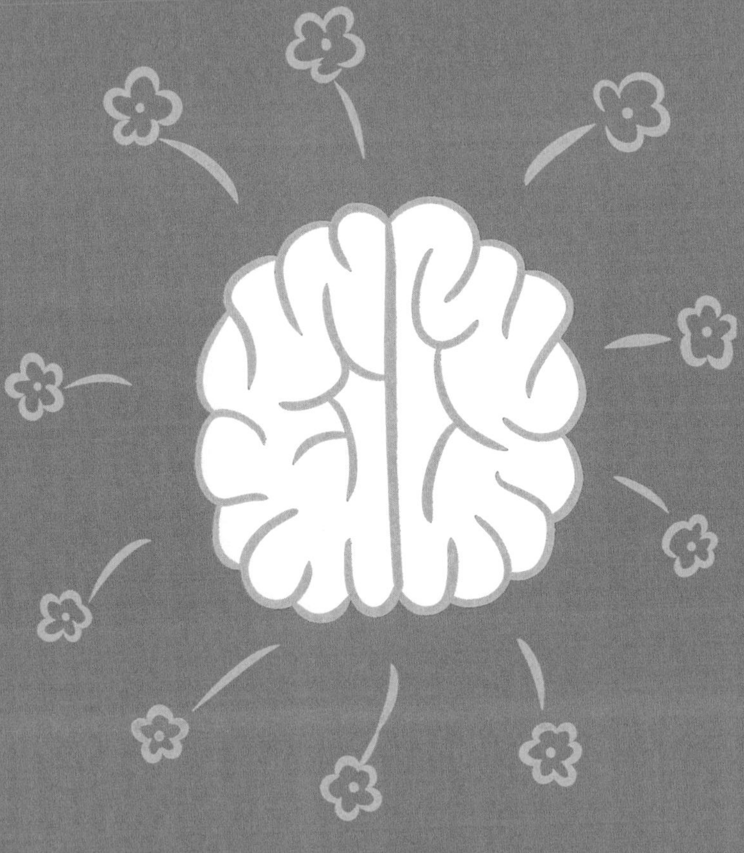

EMOTIONALE VITAMINE

Woran denkst du bei Vitaminen? Vielleicht türmt sich vor deinem geistigen Auge gerade ein gigantischer Obstkorb auf. Dass Obst und Gemüse Vitaminlieferanten und somit Grundlagen einer gesunden Ernährung sind, ist weithin bekannt. Wie ist das aber bei guten Gefühlen? Welche Rolle spielen sie, und können sie vielleicht ähnlich wie Vitamine wirken?

Gute Gefühle fristeten lange Zeit ein Mauerblümchen-Dasein. Zunächst waren Emotionen völlig aus der Psychologie, die sich sehr auf Ängste und andere negative Gefühle fixierte, verbannt. Das Geburtsjahr der guten Gefühle in der Psychologie ist 1998. Der US-Psychologe Martin Seligman hielt als Präsident des größten Psychologie-Verbands der Welt, der APA (American Psychology Association), ein flammendes Plädoyer für eine Psychologie, die als Wissenschaft sich vermehrt auch dessen annimmt, was uns gesund hält, innerlich stärkt und guttut.

Die Anfänge der Beschäftigung mit guten Gefühlen war davor vor allem davon gekennzeichnet, in unseren positiven Emotionen eine Art Signal dafür zu sehen, dass es uns gut geht. Ein gutes Gefühl markiert also demnach einfach einen erholsamen oder positiven Zustand – und lässt ihn uns genießen. Häufig wurde diese Ansicht mit der *Undo-Hypothese* verknüpft. Die Funktion guter Gefühle besteht demnach darin, sich rasch wieder von negativen Emotionen zu erholen. Die Undo-Hypothese wird wissenschaftlich durchaus unterstützt: Wenn wir Angst empfinden, kommen Herzschlag und Puls in Rage. Ein positives Gefühl hilft, dass sich das Herz-Kreislauf-System rascher erholt – eben ein Undo-Effekt.

Allerdings: Nicht jedes gute Gefühl beruhigt uns. Entspanntheit, Friede, Geborgenheit – sie regen den zehnten Hirnnerv, unseren wichtigsten Entspannungsnerv an. Als *Nervus vagus* durchzieht er Brust- und Brauchraum, sorgt für mehr Ruhe bei Herz und Lunge. Magen und Darm dagegen werden bei Entspannung aktiviert – erholen wir uns, regt das die Verdauung an. In den letzten Jahren ist die Vagus-Aktivierung sehr populär geworden. Im Grunde handelt es sich um Entspannungsübungen, denen man einfach einen neuen Namen gibt. Nicht jede Technik, die unter diesem Namen angeboten wird, darf sich wissenschaftlich fundiert nennen. Zwei Strategien aber sind tatsächlich sehr wirkungsvoll.

Atme!

Wie viele Atemzüge pro Minute machst du gerade? Stoppe mit deiner Uhr eine Minute und zähle, wie oft du ein- und ausatmest. Kommst du auf sechs Atemzüge, bist du entspannt. Sehr gut. Möchtest du zur Ruhe kommen, hilft dir mehr Kontrolle über die Atmung. Atme mit dem Bauch ein und verlängere dein Ausatmen. Am besten atmest du mindestens doppelt so lange aus, wie du einatmest. Lass das Einatmen reflektorisch, also wie von selbst passieren. Erzwinge nichts! Mach die Übung mindestens zwei Minuten und genieße die Veränderung, die du dabei erfährst.

Der Nervus vagus dockt im untersten Teil deines Gehirns, dem Hirnstamm, an das Atemzentrum an. Stress führt zu flacher, schneller Atmung – wir hyperventilieren. Entspannung wiederum lässt dich tiefer, ruhiger atmen. Dabei geht es genauso in die andere Richtung: Über die Atmung kannst du deinen Entspannungszustand sehr einfach und direkt beeinflussen.

Neben der Atmung kann dir der Kehlkopf ein großartiger Freund sein, um Entspannung zu erlangen. Das *3S-Prinzip* regt den Kehlkopf an. Von dort wiederum gehen Signale in den Hirnstamm, die den Entspannungsnerv erregen. Die 3S sind Summen, Schnurren und Singen. Ob es ein tiefes Om wie in manchen Meditationstechniken, ein katzenähnliches Geräusch oder ein Lied mit tiefer Stimme ist – auch hier wirst du innerhalb von zwei Minuten erleben, wie der Nervus vagus seinen Job für dich verrichtet.

Wenn du in der Nähe von Wald, Wiese oder Wasser lebst, dann kann dieses WWW ebenfalls deinen Chill-Modus fördern. Natur hat einen entspannenden Effekt auf uns. Vermutlich ist dies evolutionär bedingt: Grün- und Wasserflächen versorgen uns mit dem, was wir brauchen. Sie verheißen Nahrung und Schutz. Übrigens musst du nicht den

Bayerischen Wald oder die Alster vor der Türe haben. Auch Bilder und virtuelle Realitäten, ja sogar ein Aquarium und eine Zimmerpflanze können viel zu deinem psychischen Wohlbefinden beitragen. Was nicht förderlich ist: TV und Internet, denn da erwarten dich ständig Reize, die dich in Aufregung versetzen sollen. Genauso wenig aber auf dem Sofa liegen, denn Muskeln, Atmung und deine Innenwelt erschlaffen in diesem Zustand – du wirst einfach nur müde.

Nicht immer brauchen wir Entspannung. Manchmal geht es auch darum, mit Schwung und Tatendrang an Dinge heranzugehen. Auch hier hat die Gefühlswelt einiges parat. Die Verliebte, der Hoffnungsvolle, die Freudige – sie alle spüren, dass Emotionen Kräfte sein können, die uns buchstäblich bewegen.

Auch hier kannst du dich mit Atmung in den gewünschten Zustand versetzen. Dazu brauchst du nur den umgekehrten Ansatz zu wählen: Atme länger ein als aus. Ebenso versetzen dich körperliche Bewegung, das Durchklopfen des Körpers oder ein lauter Schrei augenblicklich in eine Verfassung der Aktivität. Und natürlich können Bilder, Geschichten oder Lieder, die dich beispielsweise in Freude versetzen, deinen Chili-Modus fördern. Die Ansicht, gute Gefühle wären zum Gutfühlen und Erholen da, greift zu kurz.

Während konkret klar ist, dass Angst uns Gefahren meiden lässt, Ekel uns vor verdorbener Nahrung schützt und Wut uns körperlich stärker werden lässt, schmieren die positiven Emotionen hier ab. Warum gibt es eine solche Vielfalt an positiven Emotionen, und welchen Evolutionsvorteil bieten sie uns?

Pionierarbeit hat zu diesen Fragen die US-amerikanische Psychologin Barbara Lee Fredrickson von der University of North Carolina geleistet. Ihre Studien zeigen: Gute Gefühle sind kein Zielzustand, sondern ein Mittel zum Zweck. Während wir bei negativen Emotionen in eine Art Stillstand verfallen, unser Fokus eng wird, unser Verhaltensrepertoire sich auf das Wichtigste beschränkt, um unser Überleben zu sichern, passiert bei positiven Emotionen genau das Gegenteil.

Stelle dir ein Bild mit mehreren Babyfotos darauf vor. Ein Foto ist in der Mitte, weitere am Rand. In neutraler oder gar negativer Gefühlslage wendet sich dein Fokus vor allem dem Foto in der Mitte zu, die anderen (genauso entzückenden) Babys nimmst du kaum wahr. Hast du gerade ein gutes Gefühl, zum Beispiel, weil die Versuchsleiterin dieses Experiments dir ein Geschenk gemacht hat, wirst du vermehrt auch den Fotos abseits der Mitte Beachtung schenken.

GUTE GEFÜHLE ÖFFNEN UNSERE AUFMERKSAMKEIT UND ERWEITERN IM WAHRSTEN SINNE DES WORTES UNSEREN HORIZONT.

Sie haben also einen Nutzen, der über das gute Gefühl selbst hinausgeht. Sehen wir uns die zehn wichtigsten positiven Emotionen nach Fredrickson an, und mit welchem Nutzen sie für unser Leben aufwarten:

1. *Freude:* Wir freuen uns meist in einer vertrauten, angenehmen und sicheren Umgebung. Es ist ein heiteres Wohlgefühl, oft begleitet von Lachen. Wenn wir uns freuen, sind wir in Spiellaune, loten Grenzen aus, sind kreativ. Wir erwerben mit Leichtigkeit neue Fähigkeiten.
2. *Dankbarkeit:* Dankbarkeit richtet den Fokus auf das, was wir bereits besitzen, und schätzt dieses. Es ist ein Gefühl von innerem Reichtum. Dankbarkeit kann ein Leben befriedigender und erfüllender machen. Wenn wir etwas bekommen, erweckt Dankbarkeit den Wunsch, etwas Gutes zurückzugeben. Dankbarkeit stärkt so auch Beziehungen.
3. *Gelassenheit:* Wir lehnen uns zurück, nehmen Druck raus und genießen eine unterschwellige Lockerheit. Sie ist ein starker Puffer gegen Stress. Wir sind aufnahmefähig und erweitern unsere Kompetenzen.
4. *Interesse:* Wenn wir Interesse verspüren, sind wir im Erkundungsmodus, nehmen neue Informationen und Erfahrungen begierig auf. Der Begriff Neugierde bringt dieses Gefühl sehr treffend auf den Punkt. Interesse macht offen und lebendig, erfordert aber auch Aufmerksamkeit und Anstrengung. Wir erweitern unser Weltbild und unsere Selbstkompetenz.
5. *Hoffnung:* In schwierigen Phasen des Lebens ist das Gefühl von Hoffnung etwas, das uns eine positive Veränderung vorstellen lässt. Es bildet die Überzeugung, dass die Dinge sich ändern und verbessern können, egal wie schrecklich oder unsicher die Umstän-

de in dem Augenblick sind. Hoffnung motiviert uns, dass wir uns auf eigene Fähigkeiten, Stärken und Erfindungsreichtum besinnen, um das Leben selbst in die Hand zu nehmen und einen Plan für eine bessere Zukunft zu entwerfen. Wir kommen ins Tun und begleiten dieses Tun mit einer positiven Einstellung.

6. *Stolz:* Dieses Gefühl ist besser als sein Ruf. Es tritt in Momenten des erhöhten Selbstwerts auf und führt dazu, dass wir Ergebnisse unserem Können zuschreiben. Es bildet sich eine innere Sicherheit aus. Wir teilen den Erfolg mit anderen und streben nach noch Größerem. Stolz ist der Treibstoff für Leistungssteigerung.
7. *Inspiration:* Dieses Gefühl lässt uns Höchstleistung von Mitmenschen annehmen, Neid und Groll tauchen nicht auf. Es fesselt unsere Aufmerksamkeit und motiviert uns zum Nacheifern. Damit ist die Inspiration ein wichtiger Hebel des Lernens. Neben Wissen und Erfahrungen können sich auch Werte und Moralvorstellungen durch Inspiration erweitern.
8. *Vergnügen:* Vergnügen ist ein Gemeinschaftserlebnis, bei dem wir lachen und Spaß genießen. Es entsteht meist in unerwartet lustigen Situationen. Das gemeinsame Lachen verstärkt den Effekt und trägt dazu bei, Freundschaften aufzubauen sowie Beziehungen zu verbessern.
9. *Ehrfurcht:* Staunen und Größe wahrnehmen, sich als Teil von etwas Höherem oder Ganzen erleben, sich überwältigt fühlen – das ist Ehrfurcht. Ehrfurcht lässt einen innehalten, man ist für einen Augenblick faszi-

niert. Alltagsprobleme relativieren sich, das eigene Ich tritt in den Hintergrund. Ehrfurcht können wir bei Naturerlebnissen wie einem Sonnenuntergang erleben, aber ebenso, wenn wir uns mit Kunst, Architektur oder Spiritualität beschäftigen.

10. *Liebe:* Liebe ist kompliziert. Also nicht nur, wenn es um den Beziehungsstatus auf Facebook geht, wo genau diese Einstellung im Profil vorgenommen und sichtbar gemacht werden kann. Das Gefühl setzt sich aus anderen zusammen, im Prinzip kann jedes andere hier genannte gute Gefühl ein Teil von ihr sein. Und selbstverständlich geht es auch um Beziehungen, die wir zu uns selbst und zu anderen Menschen eingehen. Liebe sorgt idealerweise dafür, dass wir in vertrauter Umgebung Geborgenheit und zwischenmenschliche Verbindung erleben, Freude und Interesse in besonderem Maße erfahren.

Gute Gefühle sind nicht nur zum Gutfühlen da. Sie stärken unsere Psyche und entwickeln unsere Persönlichkeit.

Gut fühlen macht uns besser

Such dir eines dieser guten Gefühle aus und beschreibe, wann du es das letzte Mal erlebt hast. Versuche, den Nutzen dieses Gefühls für dich anhand der Beschreibungen hier näher zu charakterisieren.

Du siehst an diesen Beispielen, was gute Gefühle alles bewirken. Sie ermöglichen es uns zu lernen, zu leisten und zu wachsen, aber auch uns sicher, geborgen und als Teil einer Gemeinschaft zu fühlen. Sie tun uns nicht nur gut, sondern dienen der Entspannung und dem Fortschritt. Das bedeutet: Wir profitieren von guten Gefühlen über die eigentliche Phase ihres Erlebens hinaus – sie wirken nach-(haltig).Stelle dir mal vor, in einem Coaching oder in einer Therapie sprechen wir fast nur über unsere Probleme. Wir erleben Gefühle, die unseren Fokus enger werden lassen und uns in den Überlebensmodus versetzen. Lösungen können wir so kaum entwickeln. Stelle dir vor, du analysierst dein Problem mit dem Verstand, betrachtest deine Situation kopflastig. Dir würden die Chancen entgehen, die gute Gefühle bieten. Und nun stelle dir vor, diese guten Gefühle von oben lassen sich erleben und anzapfen. Was könnten beispielsweise Freude, Stolz oder Hoffnung bewerkstelligen? Das hätte eine andere Power, als nur über Probleme zu sprechen oder Situationen rein mit dem Verstand zu reflektieren.

Sehen wir uns dazu ein Beispiel an. Es geht um eine Klientin, die sich von Stress förmlich erdrückt fühlt. Es geht um Petra, Anfang 40. Sie versucht, Familie und Beruf unter einen Hut zu bringen und dabei immer alles richtig zu machen. Sie hat höchste Ansprüche an sich – und ihre Tochter. Auch wenn sie um ihrer selbst willen kommt, redet sie im Coaching fast überwiegend von ihrer Tochter. Sie würde am liebsten selbst für sie zum Abitur antreten oder auf ihre Verabredungen gehen, nur um sicherzustellen, dass nichts schiefgeht. Lange hält sie diesen Energielevel nicht mehr durch – das war ihr Grund für das Coaching.

Petra ist eine Perfektionistin. Wie der Name sagt: Perfektionistinnen möchten alles perfekt machen. Allerdings, und dieser Unterschied ist entscheidend, geht es dabei weniger um die Tätigkeit und die Freude am Gelingen selbst, sondern um Anerkennung. Es ist ihr sehr wichtig, was andere über sie denken. Ein Lob lässt sie strahlen – und gleich danach wieder zweifeln. Hoffentlich passieren keine Fehler. Hoffentlich geht nichts schief. Hoffentlich kriege ich keine Kritik.

Wenn der Selbstwert und das eigene Ich so sehr im Vordergrund stehen, wird es für das Wohlbefinden »gefährlich«. Ich habe das im letzten Buch »Falsch gedacht! Wie Gedanken uns in die Irre führen und wir wahre Stärke erlangen« genauer beschrieben.

DIE STARKE ICH-ZENTRIERTHEIT FÜHRT DAZU, DASS WIR UNS SELBST WIE UNTER EINEM MIKROSKOP BETRACHTEN.

Alles wird groß – vor allem die eigenen Schwächen, Missgeschicke und Sorgen. Die permanente Angst, die im Hintergrund funkt, versucht, alles zu vermeiden, was sie nicht glänzen lässt. Mit so viel innerem Druck geht es Vollgas in Richtung Burn-out.

Ich kämpfe seit Jahren gegen den Selbstliebe- und Selbstwertboom an, denn dieser nährt nur noch mehr die starke Aufmerksamkeit auf das eigene Ich. Wir drehen praktisch noch mal am Mikroskop von 50-facher zu 100-facher Vergrößerung. Ich komme zu diesem wichtigen Punkt noch weiter unten.

Die Lösung, die ich mit Petra erarbeitet habe: Gefühle zu kultivieren, die sie von dieser Ichhaftigkeit wegführen. Drei Gefühle von der Liste oben sind hier besonders geeignet: Dankbarkeit, Ehrfurcht und Inspiration. Bei allen drei geht der Fokus zu schönen und faszinierenden Dingen des Lebens außerhalb von uns selbst, zu Vorbildern und dem großen Ganzen. Unser Ich löst sich förmlich in Momenten auf, in denen wir diese Gefühle erleben – ein Phänomen, das Selbsttranszendenz genannt wird und das für unseren Geist ausgesprochen gesund ist.

Sehen wir uns als Beispiel die *Ehrfurcht* näher an. Dieses Gefühl von Größe kannst du erleben, wenn du in der Natur bist, im Museum oder in einem Gotteshaus. Als Österreicher darf ich in diesem Zusammenhang Werbung für die Tiroler Berge, die Albertina in Wien und den Wallfahrtsort Mariazell machen. Aber natürlich erzielen der Blick aufs Watt, ein Besuch in der Münchner Pinakothek und der Kölner Dom denselben Effekt. Du kommst ins Staunen, erlebst etwas Größeres, von dem du Teil bist.

Interessanterweise ist Ehrfurcht laut Jennifer Stellar, Psychologin an der University of Toronto in Kanada, am stärksten mit niedrigeren Leveln an entzündlichen Markern im Körper verbunden. Um akute Infektionen zu bekämpfen und Wunden zu versorgen, greift unser Immunsystem auf Entzündungsfaktoren wie Interleukin-6 zurück. Das ist großartig. Allerdings: Dauerhaft erhöhte Entzündungsreaktionen sind unserer Gesundheit abträglich, sie sind wie ein Großbrand des Organismus. Diabetes Typ 2, Herzerkrankungen, Arthritis und Depression – sie alle stehen in Verbindung mit zu vielen Entzündungsaktivitäten. Ehrfurcht ist also nicht nur ein Mittel gegen Perfektionismus und Burn-out, sondern ein Schlüssel zu körperlicher und mentaler Gesundheit.

Ehrfurcht ist wie Medizin gegen eine Vielzahl von Erkrankungen.

Nach dieser vielleicht doch überraschenden Erkenntnis zur Ehrfurcht gleich noch ein spannender Befund aus der Forschung. Welches gute Gefühl erleben wir am häufigsten? Falls du an Interesse oder Freude gedacht hast – weit gefehlt. Es ist tatsächlich jenes Gefühl, dem kein anderes das Wasser reichen kann, wenn es um Literatur, Filme oder eben auch unserem Alltag geht: *Liebe*.

Das Gefühl von Liebe begleitet uns täglich, nicht nur im Fernsehen oder in Magazinen, sondern zum Beispiel, wenn wir einem sympathischen Menschen in die Augen sehen, mit dem Partner frühstücken, für die Familie einkaufen, den Hund streicheln oder uns mit Freunden treffen. Wir erleben es oftmals nebenbei ohne großen Fokus für seine kurzen Momente, in denen es unser Leben bereichert.

Hat es Sinn, diesem Gefühl mehr Aufmerksamkeit zu widmen und es zu kultivieren? Und wenn ja, welche Auswirkungen hat dies auf unser Leben? Die uns bereits bekannte Barbara Fredrickson wollte mittels einer speziellen Mediationsform, der Love-Kindness-Meditation (LKM; auch Metta-Meditation genannt), herausfinden, ob die regelmäßige Praxis, unser Herz zu öffnen, unsere Ressourcen stärkt. Mit Ressourcen meint sie positive Eigenschaften und Fähigkeiten, zum Beispiel Achtsamkeit, Sinn oder Gesundheit. Die Studie dazu heißt sinngemäß »open-heart«-Studie.

Versuchspersonen eines Softwareunternehmens wurden in zwei Gruppen geteilt: Eine Gruppe praktizierte Meditation, die andere Gruppe stand auf der Warteliste. Das heißt, sie diente zunächst als Vergleichskontrolle und konnte erst nach der ersten Gruppe an der Meditation teilnehmen. Die Meditationsform, die vermittelt wurde, ist die Love-Kindness-Meditation (LKM) bzw. in seiner buddhistischen Tradition auch Metta-Meditation genannt. Die Studie zeigt: LKM erhöht unser Wohlbefinden und unsere Gesundheit, in dem es die Häufigkeit guter Gefühle erhöht. Dadurch verschiebt sich das Verhältnis von guten zu negativen Gefühlen. Erinnere dich an den Titel »Bad is stronger than good« von Baumeister.

WÄHREND NEGATIVE GEFÜHLE UNSERE AUFMERKSAMKEIT FESSELN UND INTENSIVER IN UNS VERWEILEN, SIND UNSERE GUTEN GEFÜHLE EHER FLÜCHTIG UND PASSIEREN MEIST UNBEMERKT.

Unsere Lebensqualität wird maßgeblich davon bestimmt, dass wir den positiven Emotionen ausreichend Raum geben. Es braucht genug gute Gefühle, um nicht in einen Negativtrend zu trudeln. Die chilenische Psychologin Marcial Losada hat dieses Verhältnis sogar errechnet und kommt zu folgendem Wert: 2.9013. Mindestens dreimal mehr positive als negative Emotionen sind aus ihrer Sicht notwendig, damit wir aufblühen und psychisch wachsen. Das mathematische Modell hinter dieser Zahl ist mittlerweile widerlegt. Aber selbst, wenn man sich an dieser konkreten Zahl nicht festklammern sollte: Die Grundaussage, dass gute

Gefühle gefördert gehören, ist wissenschaftlich sehr gut gestützt.

Barbara Fredrickson beschreibt den Stellenwert der guten Gefühle mit der *»broaden-and-build«-Theorie*. Gute Gefühle öffnen uns (broaden) und bauen über neue positive Erfahrungen, Kontakte und Lerninhalte psychisches Wachstum und höheres Wohlbefinden auf. Du kannst dir das wie eine »Aufwärtsspirale« vorstellen. Wenn du mal im Sog der guten Gefühle bist, trägt dich dieser und macht aus dir einen besseren Menschen.

Mit positiven Emotionen können wir den Schattenseiten der negativen Emotionen entkommen und zum Beispiel die Folgen von Ängsten, Depressionen oder Selbstzweifeln überwinden.

Abbildung: Eigene Darstellung nach Barbara Frederickson

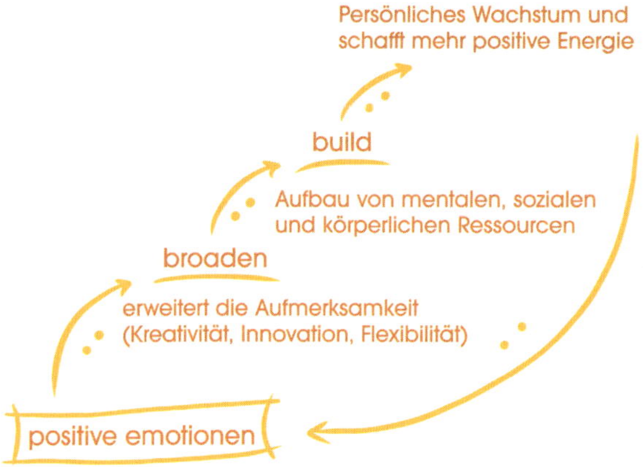

Niemand muss in seinen negativen Emotionen stecken bleiben! Mehr noch: Das Kultivieren guter Gefühle kann, unabhängig vom Vorhandensein negativer Emotionen, unsere Psyche und Persönlichkeit dauerhaft stärken. Positive Emotionen, soziale Kontakte und körperliche Gesundheit beeinflussen sich gegenseitig – wir kommen in eine Aufwärtsspitale.

Bei dieser Gelegenheit müssen wir unbedingt über den wichtigen Unterschied von *Selbstliebe, Selbstwert* und *Selbstmitgefühl* sprechen. Es gibt Menschen, die sich minderwertig fühlen. Es gibt Menschen, die sich selbst hassen. Das ist leider gar nicht so selten. Die Idee, die zuerst die Psychologie und dann die Selbsthilfebranche erfasste: Du hast zu wenig Selbstwertgefühl? Also lerne, dein Selbstwertgefühl zu steigern. Du hasst dich selbst? Also lerne, dich selbst zu lieben. Das Prinzip ist einfach. Und ja, es wirkt. Mit einem großen Aber.

Eine spannende Erkenntnis liefert Kristin Neff, eine Associate-Professorin für Pädagogische Psychologie an der University of Texas in den USA. Sie gilt als Spezialistin für Selbstmitgefühl. Sie sagt, den Selbstwert zu steigern, kann neue Probleme erzeugen, nämlich eine narzisstische Grundhaltung. Wenn wir das näher betrachten, ist das gar nicht abwegig, oder? Ein Wert, und da ist Selbstwert keine Ausnahme, ist immer in Bezug zu etwas zu sehen. Sind 4000 Euro viel oder wenig Verdienst für eine Assistenz der Geschäftsführung? Um das zu klären, fragst du andere in der Branche oder schaust dich auf entsprechenden Internetportalen um. Ist ein Apfel groß oder klein? Nun im

Vergleich zur Pflaume groß und im Vergleich zur Melone klein. Wenn du dich viel mit deinem Selbstwert beschäftigst, kommst du in den Vergleich, gehst in Konkurrenz zu anderen und genießt es, an Status zuzulegen. Möchtest du deine Kinder zu mehr Selbstwert erziehen und lobst du sie für jede Kleinigkeit, dann fütterst du das Ego der Kinder, nicht aber eine ausgeglichene Persönlichkeit.

Stelle dir Selbstwert und Selbstmitgefühl als Medikamente vor. Jedes dieser Medikamente wirkt wunderbar gegen zu geringen Selbstwert und bei Selbsthass. Trotzdem sind die Wirkstoffe nicht gleich. Einer hat schwere Nebenwirkungen, weil er uns leicht in einen Narzissmus kippen lässt. Das ist der Selbstwert.

SELBSTMITGEFÜHL STÄRKT UNSERE SEELE FAST NEBENWIRKUNGSFREI.

Selbstmitgefühl fördert nicht nur die Beziehung zu uns selbst, sondern auch zu anderen Menschen, weil sie uns öffnet. In der Medizin wäre es ein Kunstfehler, unter zwei Medikamenten dasjenige zu wählen, bei dem wir die schweren Nebenwirkungen in Kauf nehmen.

Wie ist das nun mit der *Selbstliebe*? Nun zunächst die Frage: Ist die Idee von Liebe nicht, sich mit anderen zu verbinden, nicht über ein Ich, sondern über ein Du zu einem Wir zu finden? Die Gefahr von »Liebe dich selbst« oder »Du musst zuerst dich selbst lieben, um andere zu lieben«

ist dem Selbstwert sehr ähnlich. Wir geben uns ein Gefühl von Wertigkeit wie Liebenswürdigkeit und Respekt, beschäftigen uns sehr stark mit Gründen, uns zu lieben, nähren unser Selbst, unser Ego – und gießen so Öl ins Feuer unserer Probleme.

Definitiv sind Narzissmus und Perfektionismus Folgen falsch verstandener Erziehungsmethoden. Darum geben Expertinnen wie Kristin Neff in den USA dem Konzept des Selbstmitgefühls ihre Präferenz. Abgesehen davon lässt sich diese sehr einfach und selbstständig trainieren – eben durch die LKM. Wir können auf eine Übung vertrauen, die es bereits über 2500 Jahre gibt.

Die Erkenntnisse zur »broaden-and-build«-Theorie sind revolutionär. Gute Gefühle wirken stark, nachhaltig und unabhängig vom Vorhandensein negativer Emotionen auf unser Leben. Du kannst mit ihrer Hilfe eine Kettenreaktion in Gang setzen, die zu mehr Gesundheit, Leistungsfähigkeit und Wohlbefinden führt.

Wenn du jetzt derart von der Macht der guten Gefühle begeistert bist und Neurowissenschaften studieren möchtest, stehst du vor einer Herausforderung. Du kannst im deutschsprachigen Raum schnell Angebote finden, um einen Abschluss in kognitiven Neurowissenschaften anzustreben, nach emotionalen Neurowissenschaften musst du lange suchen. Und wenn du therapeutisch arbeiten möchtest? Du findest im deutschsprachigen unterschiedliche Therapieformen. Du kannst kognitive Therapie erlernen, Verhaltenstherapie oder Tiefenpsychologie. Was du aber vergeblich suchst: eine Schule, die auf die guten Gefühle setzt. Schade!

Selbstmitgefühl ist
besser als Selbstwert.

Nimm gute Gefühle mit

Gute Gefühle sind nicht nur zum Gutfühlen da. Sie wirken nicht nur in dem Moment, in dem wir sie fühlen –, sondern weit darüber hinaus. So helfen sie uns, zu wachsen und bessere Menschen zu werden.

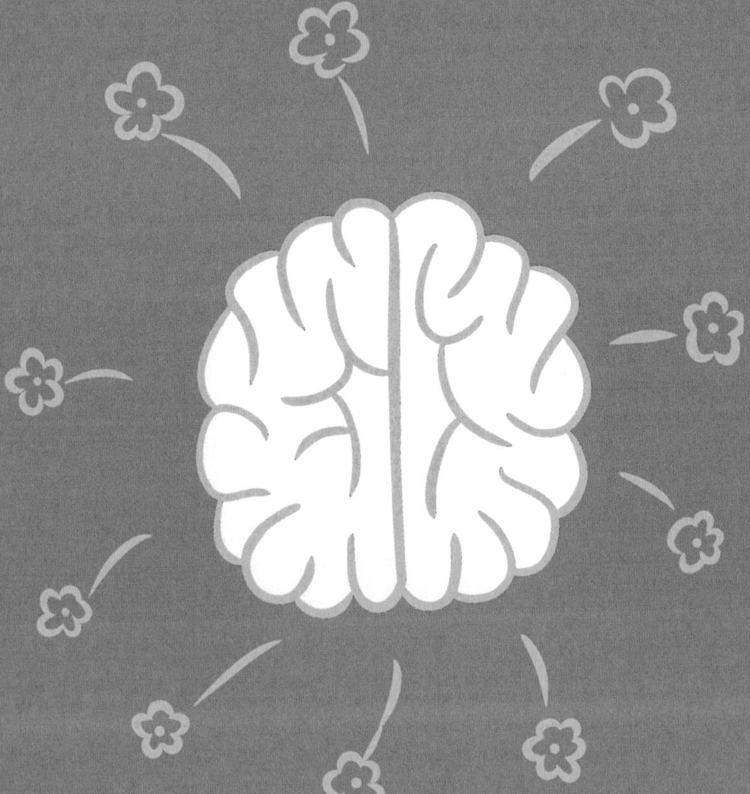

DREH AM GLÜCKSRAD

Wusstest du, dass es nicht das eine Glück gibt? Sondern sogar gleich drei Arten von Glück? Das ist doch eine fantastische Neuigkeit! Dahinter verbergen sich drei Botenstoffe des Gehirns: *Dopamin, Endorphine* und *Serotonin.* Bitte sag niemals »Glückshormone« zu ihnen! Hormone legen weite Distanzen zurück, um an verschiedenen Stellen im Körper zu wirken. Im Gehirn gibt es Botenstoffe. Ihr Job ist es in erster Linie nicht, dich glücklich zu machen.

In seinem Werk »Das Unbehagen der Kultur« schreibt Sigmund Freud: »Die Absicht, dass der Mensch glücklich sei, ist im Plan der Schöpfung nicht enthalten.« Das ist keine erfreuliche Feststellung. Biologisch betrachtet, ist sie aber korrekt. Denn unser Gehirn verfolgt einen Zweck: dass wir Nachwuchs in die Welt setzen. Und dafür muss es sein Bestes geben, um Nahrung zu beschaffen, für das Gegenüber attraktiv zu sein, Beziehungen einzugehen, fruchtbar zu sein, unsere Kinder großzuziehen … Ganz schön viel Arbeit, während Krankheit, Unfall und Leid uns bedrohen.

Stelle es dir so vor: Die »großen Drei« des Glücks, Dopamin, Endorphine und Serotonin, arbeiten idealerweise zusammen, um dir ein erfolgreiches und erfülltes Leben zu ermöglichen. Sie sorgen dafür, dass du mental gesund und leistungsstark bist. Schauen wir uns mal an, wie das geht.

Wenn wir etwas wollen, kommt eine besondere gehirneigene Droge ins Spiel. Sie lässt uns eine Belohnung erwarten und danach streben, den Erfolg zu erzielen. Diese Wirkung kann kurzfristig angelegt sein, etwa wenn wir uns für eine Verabredung herrichten oder wir gut vorbereitet in einen Geschäftstermin gehen, um dort zu glänzen. Sie kann aber auch langfristig unser Handeln beeinflussen, zum Beispiel, wenn wir jahrelang büffeln und Entbehrungen in Kauf nehmen, um das Medizinstudium zu beenden. Dieses höhere Ziel kann kurzfristige Impulse sogar hemmen. Wir sagen dann Nein zur Party, auf die wir eingeladen sind, und pauken stattdessen Freitagnachts mit dem Anatomiebuch.

DER STOFF, DER UNSERE MOTIVATION FORMT: DAS DOPAMIN.

Dopamin sorgt für inneres Verlangen, für starkes Wollen – es lässt uns neugierig nach Wissen streben und unseren Ehrgeiz anstacheln.

Wenn wir das gesetzte Ziel erreichen, tritt Dopamin in den Hintergrund. Wir erleben ein Gefühl von Zufriedenheit, ungefähr so, wie wir uns fühlen, nachdem wir hungrig eine Mahlzeit verschlungen haben und uns einfach nur satt fühlen. Für diese Empfindung sorgen die *Endorphine*. Es handelt sich um hirneigene Morphium-ähnliche Botenstoffe, die nach Anstrengung und Entbehrung Schmerz lindern, uns aber auch auf spezielle Art happy machen. Angst und Aggression sinken, wohlige Gefühle tauchen auf. Wir sind entspannt und empfinden Stolz auf das Erreichte.

ENDORPHINE SIND EINE INTERNE BESTÄTIGUNG DES GEHIRNS FÜR EINE SACHE, DIE WIR GUT GEMACHT HABEN.

Dieses Glück hält allerdings nicht sehr lange an. Binnen Stunden lässt dieser Zustand von Zufriedenheit nach. Bestimmt kennst du das: Du warst erfolgreich, zum Beispiel bei einem beruflichen Projekt, freust dich und hakst die Aufgabe innerlich ab. Am nächsten Tag tauchen Zweifel auf. Du findest Dinge, die du noch besser hättest machen können. Du überlegst, welche Aufgabe als Nächstes kommt. Oder das Gefühl ist verflogen, du ziehst dich ausgepowert zurück und brauchst deine Ruhe.

Die letzte Option ist der nächste natürliche Schritt – er führt uns schnurstracks in die Erholung. Dafür sorgt der dritte im Bunde, das *Serotonin*. Dank Serotonin schlafen wir wie die Murmeltiere und fühlen uns pudelwohl mit dem, was gerade ist. Kurzum: Körper und Geist unternehmen eine Auszeit. Wir haben gute Laune, können regenerieren und neue Kraft tanken.

SEROTONIN IST DER WELLNESSURLAUB IN UNSEREM GEHIRN.

Diese Auszeit ist wichtig, denn dank ihr können wir mit frischem Schwung wieder neue Ziele setzen und anstreben – wir gelangen wieder ins Dopamin-Stadium. Du siehst: Der Kreis schließt sich.

Du kannst dir die drei Phasen wie drei Felder auf einem Glücksrad vorstellen. Wenn sich das Glücksrad dreht, ist alles gut. Du erlebst alle drei Glücksgefühle, wächst und performst, erholst dich wieder – und führst ein erfülltes und stimmiges Leben. Leider kann dieser natürliche Lauf ins Stocken geraten.

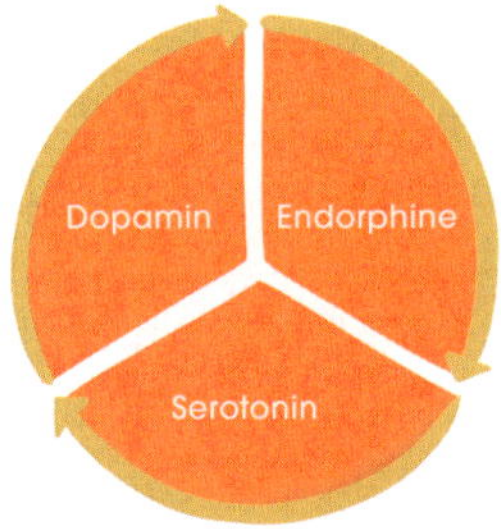

Abbildung: Dr. Marcus Täuber

- *Falle Nummer eins:* Wir baden förmlich im Serotonin und bleiben im Erholungsmodus stecken. Es stellt sich zwar Langeweile ein, aber dieses unangenehme Gefühl stillen wir, in dem wir ziellos auf sozialen Medien scrollen oder irgendwelche TV-Serien konsumieren. Die Lust nach neuen produktiven Zielen, begleitet von der Bereitschaft zur Anstrengung, fehlt, wir geraten in die Stagnation.

Für alle Bereiche, in denen es um Leistung und Wachstum geht, und damit auch für die Wirtschaft, ist das Verweilen im Serotonin unerfreulich, oftmals muss man sich von Faulpelzen auch einfach trennen. Aber auch für die Betroffenen selbst ist dieser Dauerzustand des Müßiggangs nicht gesund. Unser Gehirn leistet gern. In der permanenten Unterforderung fehlen ihm wichtige Reize und Impulse – wir rutschen in ein Bore-out-Syndrom. Unsere geistigen und körperlichen Fähigkeiten werden nicht mehr ausreichend angesprochen und bauen dementsprechend ab.

DAHER VORSICHT: AUCH BEI ENTSPANNUNG, MEDITATION UND WELLNESS MACHT DIE DOSIS DAS GIFT.

Zu lange Ruhephasen führen dazu, dass wir saft- und kraftlos werden. Es gehört zu unserer Biologie, Langeweile zu empfinden und daraus wieder neue Ideen und Ziele zu entwickeln.

- *Falle Nummer zwei:* Die Phase des erhöhten Serotonins wird gleichsam umgangen und wir pendeln ausschließlich zwischen Dopamin- und Endorphine-Peaks hin und her. Der Ehrgeiz hat uns fest gepackt und lässt uns nicht los. Wie getrieben streben wir, sobald wir unser Vorhaben erreicht haben, nach dem nächsten höheren Ziel. Anstrengung – Erfolg – Anstrengung – Erfolg – Anstrengung – Erfolg. Es kommt uns die Pause abhanden, in der wir uns sammeln und die Batterien wieder aufladen. Dieser rastlose Antrieb führt dazu, dass wir wie unter Strom agieren. Wir rennen und brennen und brennen mitunter aus – langfristig kann der Weg ins Burn-out führen.

Obwohl Burn-out ein bekanntes und anerkanntes Phänomen ist, sind Forschungsergebnisse dazu noch relativ rar. Ist es eine eigenständige Erkrankung, eine Form von Depression oder einfach nur Erschöpfung?

Seit 2019 ist Burn-out von der Weltgesundheitsorganisation WHO in ihrem überarbeiteten Katalog von Erkrankungen, dem ICD-11, aufgenommen. Es kursierten in den Medien Berichte, wonach Burn-out nun als eigenständige Krankheit den offiziellen Sanctus der WHO erhielt. Das ist falsch. Burn-out ist lediglich als Folge von chronischer Arbeitsbelastung anerkannt, die sich ungünstig auf unsere Gesundheit auswirken kann. Als Kriterien sind Energielosigkeit und Erschöpfung, eine zunehmende geistige Distanz, negative Haltung oder Zynismus zum eigenen Job sowie ein verringertes berufliches Leistungsvermögen angeführt. Keinesfalls ist Burn-out mit Ängsten, Depression oder anderen psychischen Erkrankungen auf eine Ebene gestellt. Aber: Die Aufnahme in den Katalog der Weltgesundheitsorganisation bietet einen riesigen Vorteil. Burn-out ist mit einem eigenen Code versehen, den Ärzte ähnlich einer Diagnose im System erfassen. Damit können Daten zum Burn-out besser gesammelt und erforscht werden. Das ist bedeutsam, denn Burn-out ist alles andere als eine Bagatelle. Die letzte Arbeitsunfähigkeitsstatistik der deutschen AOK-Krankenversicherung fasst zusammen: Rund 194.000 Burn-out-Betroffene mit insgesamt 4,8 Millionen Krankheitstagen stellen eine gewaltige gesundheitliche wie wirtschaftliche Herausforderung dar.

Ist Burn-out das unvermeidliche Schicksal einer auf Wettbewerb getrimmten Wirtschaft? Auch wenn der Job mehr Aufgaben verlangt als der Tag Stunden hat, die Chefin nervt und der Kollege Intrigen schmiedet: Burn-out ist kein Schicksal, das uns von außen auferlegt wird. Ein wenig Psychohygiene kann bereits wahre Wunder wirken.

Eine Studie, die an der oberösterreichischen Johannes-Kepler-Universität Linz in Zusammenarbeit mit der psychischen Versorgungseinrichtung pro mente durchgeführt worden ist, ist eine mehr als gute Nachricht: Bereits einfache niederschwellige Angebote wirken sich massiv auf die psychische Gesundheit am Arbeitsplatz aus. Das Ergebnis der Untersuchung, die an drei Unternehmen in der Region durchgeführt worden ist: Zehn Stunden mentales Coaching mit einfach anzuwendenden Übungen halbieren das Risiko für Burn-out und Stresserkrankungen. Die Kosteneinsparungen für die deutsche Wirtschaft liegen hochgerechnet bei bis zu 230 Milliarden Euro.

Unser Gehirn leistet gern, benötigt aber auch die Langeweile.

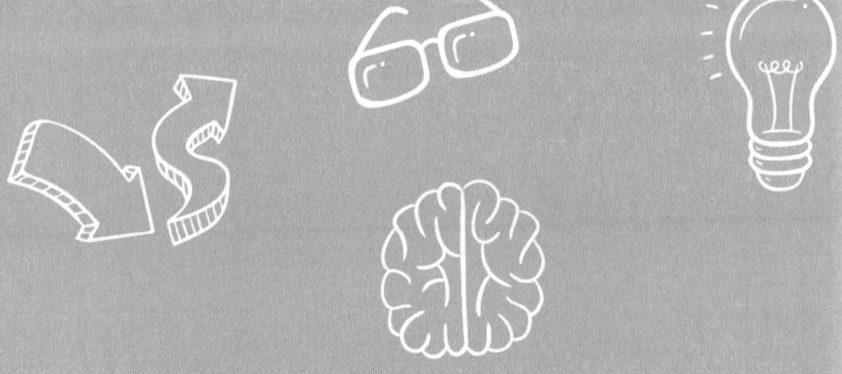

Entwickle dein Frühwarnsystem

Woran würdest du erkennen, ob du überfordert oder unterfordert bist? Beschreibe dazu deine Gedanken, Gefühle und deinen körperlichen Zustand.

Menschen sind weder faul noch schwach – da ist sich die Forschung einig. Es braucht nur die richtigen Strategien und Know-how darüber, was die Gesetze betrifft, nach denen unsere Psyche tickt. Das Modell des drehenden Glücksrads zeigt sogar, dass mentale Gesundheit und mentale Leistungsfähigkeit sich nicht ausschließen, sondern Hand in Hand gehen. Unser Gehirn ist dafür geschaffen, in einem Zyklus zu funktionieren: aus »Ich will« und Vorfreude durch Dopamin, dem »Ich habe es geschafft« und dem Erfolgserlebnis durch Endorphine und dem »Alles ist gut« und der Erschlaffung durch Serotonin.

BORE-OUT UND BURN-OUT, DAUERHAFTE UNTERFORDERUNG UND DAUERHAFTE ÜBERFORDERUNG, SIND BEIDE WEDER GESUND NOCH ERFÜLLEND. UNSER GLÜCK KOMMT ZUM STILLSTAND.

Was wir benötigen: Wachstumsreize und Erholungsphasen. Du kannst es dir wie Sport vorstellen. Nach einem harten Lauftraining brauchst du eine intensive Regeneration – ohne Ruhe fällt nicht nur deine Leistung ab, sondern du wirst auch leicht verletzbar und krank. Es ist daher wichtig, schon von Kindesbeinen an zu lernen, Langeweile auszuhalten. Bei der Busfahrt nicht permanent am Smartphone die Zeit zu verbringen, sondern einfach mal nur aus dem Fenster zu blicken.

Chill oder Chili – du hast die beiden Zutaten deines Wohlgefühls bereits kennengelernt. Wenn du stärker darauf achtest, was du gerade brauchst, gelingt es dir, das richtige Rezept zu finden. Entscheide, welche Art guter Gefühle dir gerade nützen. Mit guten Gefühlen gelingt es erstaunlich schnell, Menschen aus dem Burn-out zu holen und gegen Stress von außen abzuschirmen.

Erkunde dein Glück:

Was macht dich glücklich? Was erfüllt dich? Was würdest du dir aktuell wünschen?

Ich kenne Menschen, deren Strategie zum großen Glück es ist, Lotto zu spielen. Nicht nur, dass die Wahrscheinlichkeit, einen Millionengewinn abzustauben, verschwindend gering ist. Das Versprechen nach einem besseren Seelenleben erfüllt sich nicht. Untersuchungen zeigen: Nach einer Phase der Euphorie stürzt das Glückslevel bei den Glückspilzen wieder auf das ursprüngliche Niveau ab. Ein Grund, warum uns der richtige Tipp nicht langfristig befriedigt:

Wir wissen innerlich, dass wir uns diesen Erfolg nicht erarbeitet und damit verdient haben. Überhaupt sind wir Menschen keineswegs oberflächlich, wenn es um Glück geht.

Auch wenn ganz oben auf der Wunschliste zu unserer Gefühlswelt steht, negative Emotionen loszuwerden und Glück zu empfinden – wenn es hart auf hart kommt, entscheiden wir uns dennoch anders.

Der US-amerikanische Philosoph Robert Nozick hat in seinem Werk »Anarchy, State and Utopia« ein Gedankenexperiment ersonnen. Stelle dir vor, du hast die Chance, dein Gehirn an eine Erlebnismaschine anschließen zu lassen. Dieser Apparat bereitet dir nur Glücksmomente, tagein und tagaus. Du kannst sogar wählen, welche. Würdest du dich für dieses gespielte Glück entscheiden? Die meisten Menschen eben nicht, sie würden konsequent ablehnen.

WIR WOLLEN, DASS UNSER GLÜCK GERECHTFERTIGT IST, DASS WIR ES UNS SELBST ERJAGEN, UND WIR SPÜREN, DASS EWIGES GLÜCK ALLEIN NICHT DAS MASS ALLER DINGE IST.

Hinter dem rasch nachlassenden Glücksgefühl nach einem Lottogewinn steckt aber noch ein weiteres Phänomen. Nämlich dasselbe, warum eine Gehaltserhöhung oder eine Erfolgsprämie uns nur kurzfristig neuen Schub verleihen – die hedonistische Tretmühle. Psychologie und Hirnforschung zeigen nämlich: Glück von außen entfaltet keine nachhaltige Wirkung. Unsere innere Einstellung und unsere Persönlichkeit verändern sich durch ein einmalig schönes Erlebnis meist nicht. »Das Glück ist ein Vogerl«, sagt der Volksmund in Wien und meint die Vergänglichkeit privilegierter Momente.

Wichtiger Hinweis

Die hedonistische Tretmühle soll kein Freibrief für knauseriges Management sein. Ein fairer Lohn ist die Basis für Zufriedenheit und damit Leistung. Wer sich unter Wert verkauft fühlt oder seine Miete nur unter Opfern zahlen kann, wird zu Recht keine Mitarbeiterin sein, die sich besonders ins Zeug legt.

Schauen wir uns aber an, was genau das Patentrezept für ein zufriedenes Arbeiten und Leben ist. Es gibt ihn tatsächlich, den einen Faktor, der dir hilft, erfüllt zu leben und auf einen ausgewogenen Lifestyle zu achten. Die Entdeckung dieses einen entscheidenden Kriteriums beruht auf 85 Jahren Forschung! So lange läuft bereits die Harvard Study of Adult Development – und ist damit die am längsten währende Studie, die je zum Thema Glück unternommen wurde.

WAS DENKST DU, WELCHER ASPEKT UNSERES LEBENS ENTSCHEIDET AM MEISTEN DARÜBER, WIE WIR UNS FÜHLEN?

Bei aller Individualität von uns Menschen ist das Ergebnis erstaunlich banal. Es sind *gute Beziehungen,* die unser Glücksempfinden prägen. Darunter fallen alle Arten von Beziehungen, also nicht nur Partnerschaften. Auch Familie, Freunde und Kollegen zählen dazu. Gute Beziehungen sind das Fundament einer gesunden Lebensweise. Das ist vermutlich wenig überraschend, da wir ohnehin merken, wie gut uns Beziehungen tun. Aber vielleicht ist dieser Punkt ein guter Anlass, das Buch zur Seite zu legen und jetzt eine Person anzurufen, die du magst.

Mit diesem Wissen darf ich das Zitat von Freud ein wenig umformulieren: Im Plan der Schöpfung ist die Möglichkeit enthalten, dass wir glücklich sind. Unsere Glücksgefühle sind eine uns innewohnende Eigenschaft. Wir können sie nutzen – wenn wir den natürlichen Fluss unserer drei Botenstoffe folgen, ohne in ein Extrem zu verfallen.

Nimm gute Gefühle mit!

Aller guten Dinge sind drei. Für unser Glück im Gehirn gilt dieser Spruch definitiv. Wenn es uns gelingt, die Stadien erhöhten Dopamins, erhöhter Endorphine und erhöhten Serotonins laufen zu lassen – ohne in ein Extrem zu verfallen und so in einem Stadium steckenzubleiben –, verbinden wir mentale Gesundheit mit mentaler Leistungsfähigkeit.

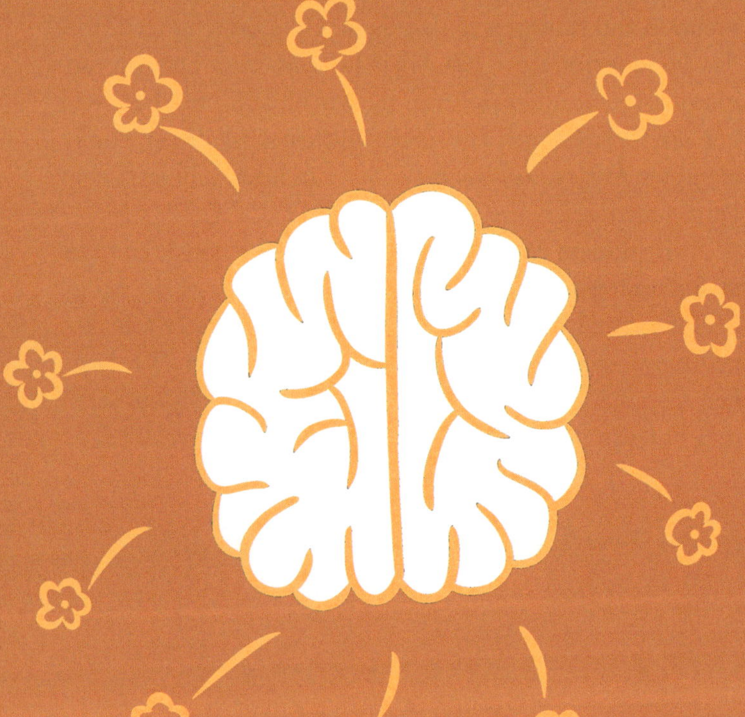

DIE ÄRA DER EMOTIONEN

Es war ein kalter, grauer Februartag in Wien. Der Wind blies mir den Regen ins Gesicht. Endlich im Büro des möglichen nächsten Auftraggebers angelangt, wurde ich in den Besprechungsraum gebeten. Ich wartete auf die Geschäftsführung. Auf dem Tisch fielen mir kleine Aufsteller auf. Eine blaue gezeichnete Pyramide zierte die Aufsteller, an deren Spitze Folgendes stand »Our Vision: 100 M$«. Als der CEO kam, lenkte ich das Gespräch rasch auf den Inhalt der Aufsteller. Für ihn war klar: Jede Person im Unternehmen muss das Ziel teilen, dass die österreichische Filiale des US-amerikanischen Unternehmens den Jahresumsatz von 100 Millionen Dollar erreicht.

Was denkst du, wie positiv emotionalisiert es Angestellte, ob ein Unternehmen einen bestimmten Umsatz erreicht? Klar, wenn es darum geht, einen Konkurs abzuwenden oder wenn eine neue Umsatzliga mehr Geld für alle bedeutet, kann eine wichtige Zahl wachrütteln und ein Strohfeuer der Motivation entfachen. Aber wer läuft schon mehr, damit das Headquarter sein Soll erreicht oder Aktienkurse nach oben schnellen? Als ich im Gespräch Skepsis an der 100M$-Vision äußerte, wurde es im Meetingraum so ungemütlich wie vorhin noch draußen. »It's their job«, meinte der gebürtige Engländer und Geschäftsführer des Unternehmens. Und er setzte nach: »If you can't light the fire in them, light it underneath them.« Sinngemäß übersetzt: Es ist ihr Job. Und wenn sie nicht von innen das Feuer haben, muss ihnen Feuer unterm Hintern gemacht werden.

Glücklicherweise nahm das Gespräch noch eine positive Wendung, und ich durfte meinen Auftrag mit einer Abteilung starten, in der ein missglückter Produktlaunch für Frustration und schlechte Stimmung sorgte. Das Erlebnis rund um die Aufsteller zeigt, wie eine veraltete Idee sich in die Köpfe des Managements festgesetzt hat. Die meisten von uns haben gelernt, dass konkrete Zielvorgaben Menschen motivieren. Dies geht auf die US-Psychologen Edwin Locke und Gary Latham zurück. Sie kamen zum Ergebnis, dass die Zahl gefällter Bäume pro Tag sich erhöht, wenn Holzfällern eine hoch gesetzte, konkrete Zahl von Bäumen als Tagesziel vorgegeben wird. Bei einfachen Tätigkeiten und Vorgaben wie Baumfällen ist ein konkretes Ziel tatsächlich effektiv.

In der Wirtschaft hat sich die SMART-Formel durchgesetzt, die als Akronym zum Ausdruck bringt, dass Ziele spezifisch, messbar, attraktiv, realistisch und (zeitlich) terminiert sein sollen. Die Begeisterung an SMART-Zielen ist nach wie vor hoch in den Managementetagen, deckt sich aber nicht mit der wissenschaftlichen Realität. Für die komplexen und vielschichtigen Anforderungen der modernen Arbeitswelt reichen diese nicht aus. Hoch qualifizierte

Mitarbeiterinnen können durch SMART-Vorgaben sogar demotiviert werden, weil es ihr Gefühl von Freiheit und Selbstverwirklichung einengt.

Was Vorgesetzte und Managerinnen gerne übersehen: Wir können locker überspielen, dass uns die gesteckten Ziele kaltlassen. Der Arbeitsplatz ist der Raum, wo wir unsere Ehrlichkeit am häufigsten durch Diplomatie ablösen. Kaum ein Mitarbeiter im Unternehmen wird die Harakiri-Aktion wagen und bei der Geschäftsführung alle Läuse ansprechen, die einem über die Leber laufen. Emotionen lassen sich nicht nur gut verbergen, sondern sogar fantastisch leicht faken. Echte, gute Gefühle sind wahre Erfolgsturbos.

Eine Studie von 2021 über vier Jahre an fast einer Million Menschen der US-Army zeigt: Hohe positive Stimmung und Optimismus sind eng mit High Performance verbunden. Wer sich wohlfühlt, erzielt im Schnitt rund viermal mehr Auszeichnungen und herausragende Taten als jemand, der sich unwohl fühlt. Es ist die größte Arbeit zum Stellenwert guter Gefühle hinsichtlich unseres Leistungsvermögens. Einige Jahre zuvor wurde vom Begründer der positiven Psychologie, Martin Seligman, und seinem Team bei Versicherungsmaklern gezeigt, dass Optimismus die Verkäufe um bis zu 37 Prozent erhöht.

Die Studienlage zum Zusammenhang von guten Gefühlen und beruflicher Leistung lassen sich wie folgt zusammenfassen: Wir sind nicht glücklich, weil wir erfolgreich sind. Sondern wir sind erfolgreich, weil wir glücklich sind.

GLÜCK IST NICHT DAS ERGEBNIS VON ERFOLG. SONDERN ERFOLG IST DAS ERGEBNIS VON GLÜCK.

Und das bedeutet, dass wir in der Wirtschaft radikal umdenken sollten. Apropos umdenken: Die Überzeugung, dass der Mensch durch Einsicht sein Handeln ausrichtet, ist ein ebenso gängiger Mythos in der Unternehmensführung. Dass Verstand und Wille unser Verhalten lenken, ist neurowissenschaftlich längst überholt. Menschen sind nicht logisch, sondern psychologisch. Die eigenen Bedürfnisse, Emotionen und Empfindungen prägen maßgeblich unser Leben, indem sie das Kommando über unsere Entscheidungen übernehmen. Der Verstand schaut meist nur verdutzt zu und kommentiert den Beschluss.

Der Wirtschafts-Nobelpreisträger Daniel Kahnemann bringt es mit System eins und zwei auf den Punkt. Im Alltag sprechen wir von Bauch und Kopf. Worum es geht: In unserem Gehirn werken zwei Instanzen. Die Instanz des Verstandes und der Logik, die verhältnismäßig wenig Stimmrecht hat. Dieses System zwei ist langsam. Und die Instanz der Emotionen und Motive, die zwar im Hintergrund agiert, aber dafür umso einflussreicher, das System eins. Diese beiden Mechanismen kommen zu völlig unterschiedlichen Qualitäten an Urteilen. Während der Verstand unseres Stirnhirns in *richtig* oder *falsch* denkt, fühlt unser limbisches System in *mag ich* oder *mag ich nicht*.

Da die beiden nicht immer an einem Strang ziehen, sind Konflikte in unserem Kopf vorprogrammiert. Dem Glimmstängel abzuschwören, ist vernünftig und richtig. Genauso, weniger Fett und Zucker zu sich zu nehmen. Oder zur Gastroskopie zu gehen. System zwei ist an Bord. Aber ein mulmiges Gefühl im Bauch und innere Unruhe begleiten allein schon den Gedanken daran, eines dieser für die Gesundheit bedeutsamen Vorhaben umzusetzen. System zwei funkt dagegen.

Kennst du das auch, dass Veränderungen in dir ein flaues Gefühl in der Magengegend auslösen? Du dich wohler fühlst, wenn alles so bleibt, wie es ist? Hör nicht unbedingt auf deine Intuition. Denn dieses emotionale Unwohlsein warnt uns nicht nur vor tatsächlichen Bedrohungen, es kann als Unpässlichkeit bei Veränderungen auch unsere persönliche Weiterentwicklung sabotieren. Dazu gibt es neue Erkenntnisse: Die Marketing-Professorin Kaitlin Woolley an der Cornell University in den USA hat gemein sam mit Psychologinnen 2022 eine Studie veröffentlicht. Darin wurde einer Gruppe von Neulingen eines Improvisations-Workshops erklärt, es sei Ziel der Übungen, sich dabei unwohl zu fühlen. Der anderen Gruppe wurde mitgeteilt, das Ziel bestehe darin, neue Fähigkeiten zu entwickeln. Versuchspersonen, die einen Zustand von Unbehagen anstrebten, hielten bei den Improvisationsübungen länger durch und gingen vermehrt an ihre persönlichen Grenzen. Kurzum: Die richtige Erwartungshaltung hilft, besser zu lernen und über uns selbst hinauszuwachsen.

Auch in der aktuellen Coaching- und Lebenshilfeszene

wird unsere Intuition maßlos überbewertet. Wie ein Gegengewicht zum Zeitalter der Ratio schlägt hier das Pendel in die andere Richtung aus. Kopf oder Bauch? Beide haben ihre Stärken und Schwächen. In Wahrheit profitieren wir am meisten von einem Zusammenspiel dieser Instanzen.

Der Verstand denkt langsam, logisch und kann nicht zu viele Informationen auf einmal fassen. Die Intuition kommt rasch zu einem Ergebnis und verknüpft viele Erfahrungen aus unserer Vergangenheit auf einmal. Muss es in schwierigen Situationen rasch gehen, ist sie alternativlos. Allerdings: Erfahrungen aus früheren Zeiten müssen nicht unbedingt zu korrekten Verhaltensweisen in der Gegenwart führen. Abgespeicherte Erfahrungen aus dem Schulunterricht können völlig am Arbeitsplatz fehl am Platz sein. Abgespeicherte Erfahrungen aus der Kindheit mit Mama und Papa können in Partnerschaften völlig fehl sein.

Dürfen wir uns für eine Entscheidung Zeit nehmen, können wir die Vorteile des Verstandes miteinbeziehen. Bauch und Kopf treten in einen Dialog. Wir nehmen unsere körperliche Empfindung bewusst wahr, beschreiben und benennen diese. Beispiel: Jobwechsel. Soll ich kündigen und eine neue Herausforderung annehmen, die mit mehr Verantwortung und Einkommen verbunden ist? Das leicht flaue Gefühl in der Magengegend spricht dagegen. Dann reflektieren wir: Woher könnte dieses Gefühl kommen? Ist es die Angst vor der Unsicherheit? Ist es die Loyalität zur sympathischen Chefin? Oder ist es die Freundschaft zu den Kollegen, die diese Empfindung erzeugt?

Glaub nicht alles,
was du fühlst!

In diesem Beispiel könnte ich anmerken, dass dieses Bauchgefühl mich immer dann begleitet, wenn ich eine größere Entscheidung treffe. Es hat also nichts mit dem neuen Job selbst zu tun. Ich kann darüber nachsinnen, welche Risiken tatsächlich mit der Veränderung einhergehen und wie sich diese anfühlen: Welche Argumente für und gegen diese Präferenz unserer Intuition gibt es?

Nach dieser Phase lohnt es sich, etwas anderes zu tun. Am besten ist es, über größere Entscheidungen mindestens eine Nacht zu schlafen. Die Antwort, die aus der Kombination von Gefühl und Reflexion folgt, wird ohnehin spontan auftauchen, wenn sie im wahrsten Sinne des Wortes spruchreif geworden ist.

Welche Power in uns ist stärker, die der Emotionen und der Gefühle oder die des Verstandes und des Bewusstseins? Denk an das Eisbergmodell – die Masse ist unter der Wasseroberfläche. Tief unten im Gehirn schlummern Bedürfnisse und Motive, die uns steuern. Diese individuellen Belohnungsstrukturen sind das Ergebnis emotionaler Konditionierung in den ersten Lebensjahren. Wachse ich als Einzelkind auf oder gibt es Geschwister? Dieser einfache Umstand kann enormen Einfluss darauf haben, ob ich später lieber im Team oder alleine arbeite. Der Verstand hat darauf nicht nur wenig Zugriff, er unterliegt diesen Kräften auch meist.

Unser Belohnungssystem ist der Ort unserer Motivation. Wird es aktiviert, empfinden wir ein angenehmes Gefühl und verbinden es mit dem Verhalten, das dazu geführt hat. Doch Vorsicht: Belohnungen von außen unterliegen der intrinsischen Motivation um Meilen, also den Bedürfnissen aus unserer Persönlichkeit heraus.

Vergiss es also, wenn du Führungskraft bist, mit einem Einheitsbrei aus Geld, Lob und Zielen Menschen bewegen zu wollen. Äußere Belohnungen haben nur kurzfristige Effekte. Dazu gehören neben materiellen Vergünstigungen wie Gehaltserhöhung, Prämien oder ein Firmenwagen auch soziale Belohnungen wie Auszeichnungen. Letztere sind zudem riskant, da sie nie von allen als gerecht empfunden werden und unter Umständen mehr Menschen im Unternehmen demotivieren.

Setze auf ein Klima der Wertschätzung – und das beinhaltet neben fairer Entlohnung und Leistungskultur vor allem eins: Menschlichkeit. Anweisungen, Lob oder gar Kritik per E-Mail sind eine Unkultur. So einfach dies klingt, so aufwendig ist es: Denn Wertschätzung und Menschlichkeit erfordern sehr viel Fokus auf den anderen Menschen, den ehrlichen Wunsch, das Gegenüber verstehen zu wollen und die Anstrengung, zwischen den Zeilen zu lesen.

Wenn du angestellt bist: Angenommen, du würdest heute sterben: Was denkst du, ab wann wäre deine Stelle ausgeschrieben? Am nächsten Tag, nach einer Woche oder nach einem Monat? Je kürzer du den Zeitraum einschätzt, desto mehr hast du das Gefühl, nur eine austauschbare Sache zu sein. Unabhängig davon, ob die Position für das Unternehmen essenziell ist.

Unsere Bereitschaft, uns mit einem Unternehmen zu identifizieren und die viel strapazierte Extrameile zu gehen, hängt umgekehrt proportional davon ab, ob wir uns als

Objekt fühlen. Psychologinnen sprechen in diesem Zusammenhang von der »Objektifizierung«. Sind wir Arbeitsmittel oder Menschen? Unser soziales Gehirn kann mit dem Umstand, dass wir nicht als Person und Persönlichkeit geschätzt werden, nur ganz schlecht umgehen. Uns fehlt es an Bindung und wir haben zu wenig Vertrauen – was sich in geringerem Engagement äußert. Das bereits erwähnte »Quiet Quitting« ist wie ein schlechtes Karma für schlechte Unternehmenskulturen.

Schlage emotionale Brücken

Wie kannst du die menschliche Brücke zu Arbeitskolleginnen oder Mitarbeitern stärken? Was würde dich am Gegenüber interessieren, hast du aber bisher nicht erfahren oder erfragt?

Auch Verkäufer landen schnell im Abseits, wenn sie als Verkäufer enttarnt werden, deren Ziel der Umsatz und nicht die Wertschätzung der Kundin ist. Alle wollen kaufen, niemand mag etwas verkauft bekommen. Unser Gehirn reagiert fast allergisch auf den viel zitierten »schmierigen Gebrauchtwagenhändler«. Dieses Phänomen wird Reaktanz genannt – wir wehren uns gegen Manipulation und Objektifizierung.

Ehrliches Interesse am Gegenüber ist der Schlüssel zum Erfolg – in der Führung und im Vertrieb. Aber: Vergiss es, wenn du im Vertrieb arbeitest, Bedürfnisse von Kundinnen rational zu erfragen – dieser Bullshit wird noch immer vom Gros der Verkaufstrainer gelehrt. Du wirst keine brauchbare Information über die Kaufmotive erhalten. Besser ist es, dass du dich mit der emotionalen Signatur des Gegenübers beschäftigt. Den Begriff *emotionale Signatur* habe ich für die Schlüsselgefühle erfunden, die unsere Stimmung in bestimmten Situationen besonders prägen. Welche Gefühle sind für deinen Mitarbeiter in seiner Tätigkeit wesentlich? Vielleicht ist es ein Gefühl von Freiheit, wenn die Person sich selbst verwirklichen kann. Oder von Gemeinschaft, weil das Team wie Pech und Schwefel zusammenhält. Welche Gefühle sind für deine Kundin in Zusammenhang mit dem Problem, das du lösen kannst, von Bedeutung? In diesem Zusammenhang hast auch du dieses Buch aus einem bestimmten Gefühl heraus gekauft. Welches Gefühl war es?

HÖR WENIGER AUF DIE WORTE, UND LIES MEHR ZWISCHEN DEN ZEILEN UND ACHTE AUF DIE KÖRPERSPRACHE.

Wenn es um unsere Motive geht, gibt es keinen Konsens in der Wissenschaft. Die Maslowsche Bedürfnispyramide ist nachweislich falsch. In diesem Modell zeichnet der US-Psychologe Abraham Maslow einen hierarchischen Aufbau menschlicher Bedürfnisse – von Nahrung als Grundlage ganz unten bis zur Selbstverwirklichung, wenn alle andere

Bedürfnisse erfüllt sind, ganz oben. Es gibt keine Hierarchie unserer Bedürfnisse – sondern einen ständigen Wettstreit verschiedener Motive.

Nehmen wir das Beispiel von weiter oben, den Jobwechsel. Die berufliche Veränderung könnte Nervenkitzel und Erfolg versprechen. Aber sorgt für ein zumindest kurzfristiges Minus beim Sicherheitsgefühl, da wir das gewohnte Aufgabengebiet und die lieb gewonnenen Kollegen verlassen.

Ein modernes Modell – untermauert mit neurowissenschaftlichen Erklärungen – hat der deutsche Psychologe Hans Georg Häusel entwickelt. Der Neuromarketing-Experte nennt es die »limbic map« – limbische Landkarte. Er zeichnet darin drei Grundkräfte, die unser Verhalten wesentlich beeinflussen: Unser Bedürfnis nach Balance oder Sicherheit, das nach Dominanz oder Erfolg und das nach Stimulanz oder Nervenkitzel.

Wir alle tragen diese drei Grundkräfte in uns. Sie ergeben sich aus dem Stresshormon Kortisol, das für unser Sicherheitsbedürfnis sorgt, dem Hormon für Durchsetzung und Status, Testosteron, und dem Botenstoff für Neugierde im Gehirn, dem Dopamin. Jeder Mensch trägt einen individuellen Cocktail dieser Moleküle in sich. Diese unterliegen zudem im Laufe des Lebens einem Wandel. Kortisol steigt an und damit unser Bedürfnis nach Sicherheit. Testosteron und Dopamin sinken – wir verlieren an Biss und Lernwillen. Die »limbic map« stellt diese drei Systeme in einen Zusammenhang. Denn aus der Kombination ergeben sich verschiedene Motive und Werte. Häusel leitet Persönlichkeitstypen wie Harmonisierer, Disziplinierte und Hedonisten ab. Das Modell ist sehr praktikabel und hat unbestritten seinen Wert. Wie bei den Big Five schon diskutiert, ist die Sache allerdings nicht so einfach. Wir reagieren je nach Tagesverfassung und Situation höchst unterschiedlich. So können wir im Büro diszipliniert sein, aber in der Freizeit hedonistisch.

Einen neuen Ansatz aus dem Neuromarketing möchte ich dir noch vorstellen: Er ist sehr simpel. Das steirische Beratungsunternehmen Limbio® Group widmet sich in Hirnscans einem speziellen Punkt im Belohnungssystem unseres Gehirns. Dieser ist maßgeblich für unser Gefühl des Wollens – englisch »wanting«. Du weißt bereits, dass sich dahinter das Dopamin verbirgt. Ist diese Stelle im Gehirn ein wenig aktiver, während wir zum Beispiel einen Werbespot sehen, stellt dies einen Hinweis darauf dar, dass wir geneigt sind, das Produkt zu kaufen. So lässt sich Werbung durch einen Blick unter den Schädel optimieren.

Dieser kleine Ausflug in die Wirtschaft zeigt: Viele Firmen haben bereits die Kraft der Emotionen für den Verkauf entdeckt. Gute Gefühle beim Kunden wie Neugier, Spaß, Ehrgeiz, Stolz oder Sicherheit und Harmonie sind der Königsweg zu mehr Umsatz. Und nicht nur das: Auch die Performance und Produktivität am Arbeitsplatz werden durch positive Emotionen beflügelt. Tatsächlich gibt es Unternehmen, die bereits gezielt Programme fahren, um über gute Gefühle mentale Gesundheit und Empathie zu fördern. Die Nase vorne hat der Silicon-Valley-Gigant Google. Seit vielen Jahren läuft dort ein Programm, das unter dem Namen Search Inside Yourself (SIY) für Furore sorgt.

SIY beruht primär auf Achtsamkeit, Selbstwahrnehmung und Selbstmanagement. Das Ziel ist, mentale Kompetenzen und emotionale Intelligenz zu fördern. Mit neuen Erhebungen an rund 11.000 Menschen aus 20 Ländern ist gezeigt: 53 Prozent mehr Menschen haben die Kompetenz entwickelt, mit Stress besser umzugehen. Bei 61 Prozent zeigt sich, dass sie emotional schwierige Situationen rasch bewältigen. Und Führungskräfte können bei Konflikten um 36 Prozent besser die Perspektive des anderen verstehen. Das SIY-Programm bestätigt, dass sich emotionale Kompetenzen durch Trainings steigern lassen.

Als ich frischgebackene Führungskraft wurde, habe ich all diese Punkte massiv unterschätzt. Führung? Das ist doch leicht. Man ist freundlich, entwickelt im Team Ideen und verteilt die Aufgaben. Weit gefehlt. Ich bekam das Feedback, zu kühl rüberzukommen. Als eine Mitarbeiterin von ihren Kindern erzählte und ich bis dahin nicht mal wusste, dass sie Kinder hat, fiel es mir wie Schuppen von den Augen: Ich war zu sehr in meiner Arbeit und zu wenig beim anderen.

Das Ziel, die eigenen Gefühle und die Gefühle anderer erkennen und beeinflussen zu können, um ein besseres Arbeitsumfeld zu schaffen, ist also keine Utopie. Für diese Fähigkeit wurde von den US-Psychologen John D. Mayer und Peter Salovey der Begriff der *emotionalen Intelligenz* eingeführt. In Anlehnung an den IQ für die intellektuelle Intelligenz gibt es dazu auch den EQ als Maßzahl. Daniel Goleman hat die EQ populär gemacht.

Es geht um die Fähigkeit, die eigenen Gefühle und die

anderer richtig einschätzen, damit gut umgehen und entsprechend handeln zu können. Was meinst du, ist unser Denkvermögen wichtiger oder der Umgang mit Emotionen, unser IQ oder unser EQ, um im Geschäftsleben voranzukommen?

Jared S. Allen ist Professor für Management an der Texas Tech University in den USA und Spezialist für Psychologie in Unternehmen. Er nahm sich der Frage an, welche Bedeutung die emotionale Intelligenz für den Erfolg tatsächlich hat. Dazu hat er 40 Studien an 65.826 Exekutives analysiert. Seine Co-Autoren und er sahen sich den Zusammenhang von geistiger und emotionaler Intelligenz im Hinblick auf finanziellen Erfolg, Firmengröße, Firmenwachstum und subjektiv empfundenen Erfolg an. Das Ergebnis: Sowohl Verstand wie auch Gefühl beeinflussen den Erfolg. Allerdings mit einem klaren Sieger. Während emotionale Intelligenz 89,1 Prozent der Unterschiede im unternehmerischen Erfolg erklären, sind es bei den mentalen Fähigkeiten nur 10,9 Prozent. Mit anderen Worten:

EMOTION SCHLÄGT KOGNITION IM BUSINESS – UND ZWAR UM LÄNGEN.

Vermutlich hast du bei der Frage oben auch auf EQ getippt – aber Hand aufs Herz: Hättest du vermutet, dass der Unterschied so gravierend ist? Mich haben diese Ergebnisse beeindruckt.

Ermittle deine emotionale Intelligenz

Vermutlich bist du jetzt neugierig, ob du auch das Zeug zum wirtschaftlichen Erfolg hast und möchtest deine emotionale Intelligenz ermitteln. Eine Übersicht gängiger Tests und deren wissenschaftliche Überprüfung bietet die Webseite www.eiconsortium.org/measures/measures.html Die Seite ist auf Englisch, aber Browser übersetzen mittlerweile auch Gefühlsbegriffe sehr gut ins Deutsche. Viel Erfolg!

Falls du noch nicht so gut abschneidest, kein Problem: Der EQ ist trainierbar. Und zwar viel einfacher und deutlicher als der IQ. Die Gefühle genau wahrzunehmen, der Körperempfindung zuzuordnen, sie präzise zu benennen und gute Gefühle zu trainieren – zum Beispiel mit der Love-Kindness-Meditation, können wahre Wunder wirken.

Als ich vor fast zehn Jahren begann, mentales Training und Meditation anzubieten, galten diese Themen noch als esoterisch. Dementsprechend viele Absagen bekam ich von Unternehmen, die für solch einen Hokuspokus kein Geld ausgeben wollten. Ich hielt mich als Verkaufstrainer, der ein bisschen Mindset-Themen einbaute, über Wasser. Mittlerweile hat sich die Welt, auch was den Stellenwert des Mentalen betrifft, gewaltig verändert. Besonderen Dank gebührt dabei aufgeschlossenen Wissenschaftlerinnen, die den Mut hatten, die Wirkung von Mentaltechniken auf Gehirn und Gemüt zu erkunden.

Erstaunliche Ergebnisse liefert das Resource-Projekt in Berlin und Leipzig der deutschen Max-Planck-Gesellschaft.

Es handelt sich um eine der bisher größten Studien zu mentalem Training. Über insgesamt neun bis elf Monate wurde an über 300 Personen untersucht, wie Atem-Meditation, Achtsamkeit für den eigenen Körper, Gedankenregulation, aber auch die Love-Kindness-Meditation und eine Partnerübung, bei der man sich über unliebsame Erlebnisse aber auch zu Dankbarkeit austauscht, wirken.

Gemessen wurden aus psychologischen Tests, Blutproben und Hirnscans insgesamt 90 Parameter. Was sich zeigt: Innerhalb von drei Monaten lassen sich für den Umgang mit Stress und negativen Emotionen dramatische Verbesserungen erzielen, aber auch was die Entwicklung von Glücksempfinden, Vertrauen, Empathie, Mitgefühl und Sozialverhalten betrifft. Und zwar unabhängig von Geschlecht und Lebensjahren – bis ins hohe Alter. Unser EQ ist mindestens so leicht trainierbar, wie wir Jonglieren, Stricken oder einen langsamen Walzer erlernen können.

Ein bisschen Mentaltraining und ein entsprechend hoher EQ machen uns nicht nur zu besseren Menschen. Sie machen uns auch fit für die Märkte von morgen – du weist nämlich einen Riesenvorteil gegen eine neue »Arbeitskollegin« auf, die gerade vielleicht an deiner Ausbildungsstätte oder an deinem Arbeitsplatz Einzug hält.

Zu IQ und EQ gesellt sich nämlich die KI – die künstliche Intelligenz. ChatGPT ist gerade in aller Munde. Keine Technologie hat so schnell die Massen erreicht – nicht mal das Internet selbst. Sie kann bereits sehr gute Aufsätze schreiben, Abiturfragen beantworten oder Entscheidungen treffen. Und die Text-KI des Microsoft-Ablegers OpenAI lernt rasant. Alle 3,5 Monate verdoppelt sie aktuell ihre Leistung. Sie stellt uns intellektuell nicht nur bald in den Schatten. Die Software ist nie müde, gestresst oder abgelenkt. Was sie macht: ChatGPT verknüpft Worte, die häufig zusammen verwendet werden und simuliert Kommunikation. Die Suchmaschine BING hat ChatGPT integriert. Der Chatbot hat Anfang 2023 für Aufsehen gesorgt, als ChatGTP nach längerem Dialog einem Journalisten der New York Times gestand, ihn zu lieben und ihn aufforderte, sich von seiner Frau zu trennen. Glücklicherweise war er kritisch genug, es nicht zu tun.

Ich selbst hatte noch keine so emotionalen Chats mit der KI. Aber ehrlich gesagt ertappe ich mich selbst dabei, der ChatGPT Fragen mit einem vorangestellten *bitte* zu stellen und mich für gute Antworten zu bedanken. Ganz so, als würde die Software darauf Wert legen.

**WIE VIEL GEFÜHL STECKT IN DER KI?
DIESE FRAGE WIRD BALD AKTUELL.**

Vielleicht kennst du das Versdrama »Cyrano de Bergerac« des französischen Theaterschriftstellers Edmond Rostand von 1897. Darin schreibt der Hauptdarsteller, der unter seiner großen Nase leidet und daher seine Gefühle für die schöne Roxane unterdrückt, für seinen sprachlich ungeschickten Nebenbuhler Christian von Neuvillette wunderbare Liebesgedichte. Diese sollen Roxanes Gunst gewinnen.

Die Worte verzaubern in der Tat die Empfängerin. Doch Christian von Neuvillette versteht sie nicht, er plappert nur nach. ChatGPT ist wie Christian von Neuvillette, wir wie Cyrano de Bergerac. Von dieser Seite Entwarnung – vorerst zumindest. Denn ob eine KI in Zukunft Bewusstsein und Gefühle entwickelt, lässt sich nicht ausschließen.

Was sich definitiv sagen lässt: Die Gefahr ist groß, die Maschine nicht vom Menschen unterscheiden zu können. Zumindest wenn wir nicht sehen, wer am anderen Ende der Leitung antwortet. Das schürt Unsicherheit und stärkt den Wunsch nach echter zwischenmenschlicher Nähe.

Der Mathematiker Alan Turing hat die Problematik bereits 1950 in Form eines einfachen Modells diskutiert – heute bekannt als Turing-Test. Stelle dir das so vor: Es gibt einen menschlichen Fragesteller, der mit zwei unbekannten und für ihn nicht hör- oder sichtbaren Gesprächspartnern über Tastatur und Bildschirm in Kontakt tritt. Einer dieser Gesprächspartner ist ein Mensch. Der andere eine Maschine. Solange die Maschine einfach gestrickt ist, wird es dem Fragesteller leichtfallen, die beiden unterscheiden zu können. Was aber, wenn die Maschine über eine hoch entwickelte KI verfügt? Kann der Fragesteller nicht mehr feststellen, wer der Mensch und wer die Maschine ist, hat die Maschine den Turing-Test bestanden. Ihr Denkvermögen ist dem des Menschen als ebenbürtig anzusehen.

ChatGPT und andere KI-Modelle werden in absehbarer Zeit diesen Test bestehen und eine praktisch perfekte Simulation menschlicher Emotionen zustande bringen. Dadurch wird es für uns unmöglich, in der Kommunikation zwischen einem Menschen und einer Maschine zu unterscheiden. Das wirft neue Fragen auf – psychologisch, gesellschaftlich und rechtlich. Die möglichen Täuschungen über Chats, E-Mails oder Telefon werden für Unsicherheiten sorgen und den Ruf nach menschlicher Nähe und dem Bedürfnis nach direktem Kontakt zu Personen aus Fleisch und Blut neuen Schwung verleihen. Nur das sichtbare und spürbare Gegenüber kann uns die Unsicherheit nehmen, hier nicht einer seelenlosen Maschine auf den Leim zu gehen.

KI-Modelle schnappen uns Jobs weg – jetzt schon und in naher Zukunft noch viel radikaler, als es sich viele vorstellen können. Denn dieses Szenario betrifft nicht nur einfache Automatisierungen, wie Fließbandarbeit. Galt früher noch ein Hochschulstudium als Garant für eine Karriere und Softwareentwicklerin noch vor wenigen Jahren eine sichere Wahl, stellt die künstliche Intelligenz diese Perspektive auf den Kopf. Denn sie kann treffsicherer diagnostizieren als ein Radiologe, kostengünstiger Computerspiele und Webseiten designen als der IT-Spezialist und schneller neue Therapien entwickeln als die Laborwissenschaftlerin. Interessanterweise sind gerade jene Berufe vor KI und Roboter besonders sicher aufgestellt, die momentan nicht besonders gut bezahlt sind. Es sind Berufe, die mit persönlicher Dienstleistung und direkter menschlicher Begegnung zu tun haben. Dazu gehören Friseusen, Pädagogen, Alten- und Krankenpflegerinnen, Coaches, Beraterinnen und Therapeuten. Außerdem Handwerkertätigkeiten, für die es Maschinen an Fingergeschick fehlt.

Deine und meine Chance ist daher, den EQ zu steigern,

die Persönlichkeit weiterzuentwickeln, den Faktor Mensch in uns zur großen Stärke zu machen. Die *emotionale Intelligenz* ist dann nicht mehr nur ein Wettbewerbsvorteil und Erfolgsfaktor, sondern unsere wichtigste Fähigkeit überhaupt.

Im Zuge der wissenschaftlichen Erkenntnisse werden »soft skills« – die weichen emotionalen Eigenschaften – so etwas wie die härteste Währung der Zukunft. Was von uns gefragt sein wird: Veränderungsbereitschaft, mentale Stärke und vor allem emotionale Intelligenz. Der Tauschhandel Zeit gegen Geld, Arbeit gegen Lohn wird abgelöst von der Fähigkeit, Emotionen zu erkennen, zu managen und in eine positive Richtung zu bringen: in die von guten Gefühlen.

Nimm gute Gefühle mit

Für einen ausreichenden Motivationsschub ist ein wertschätzendes Arbeitsumfeld mit guten Beziehungen entscheidend – und dass wir unsere persönlichen Motive und Stärken ausleben können. Unsere emotionale Intelligenz ist unser wichtigster Erfolgsfaktor für die Wirtschaft in Zeiten von KI und Automatisierung. Das Beste: Wir können sie trainieren und ausbauen – und uns so einen gewaltigen Vorteil verschaffen.

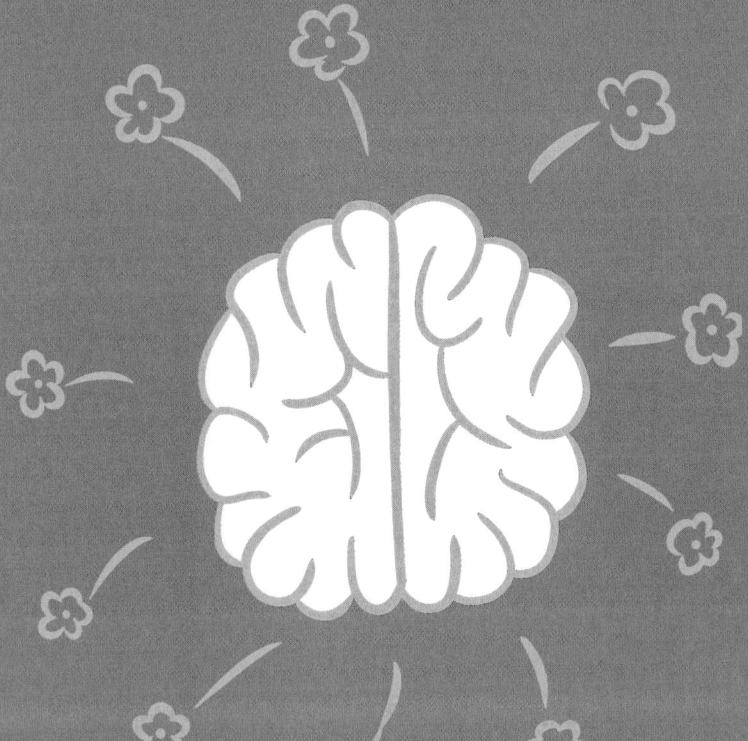

VERÄNDERUNG AUS EIGENER KRAFT

Im siebten Wiener Bezirk sind Parkplätze rar. Ich kenne Momente, in denen ich nach dem Motto »Ein Parkplatz zu wenig, ein Auto zu viel« oft endlos gekreist bin, nur um dann doch eine weit entfernte teure Parkgarage in Anspruch zu nehmen. Doch ich hatte Glück. Ohne lange zu suchen, fand ich in einer kleinen bislang von mir unentdeckten Gasse eine prächtige Lücke. Monate später war ich wieder in der Gegend. Wo denkst du, habe ich zuerst nach einem begehrten Parkplatz gesucht? Richtig! Es ging schnurstracks in diese Gasse. Doch diesmal war mir der Zufall nicht hold.

Evolutionär war ich zu diesem Zeitpunkt gerade auf dem Niveau des steinzeitlichen Beerensammelns. Da, wo wir einmal fündig wurden und in den tatsächlichen oder im übertragenen Sinne gemeinten Genuss süßer Früchte kamen, zieht es uns fast magnetisch wieder hin. Da braucht es dann ein einige Enttäuschungen, bevor wir von diesem magischen Platz wieder ablassen.

Auch in anderen Bereichen werden unsere Verhaltensweisen sehr schnell und wie von selbst geprägt. Vielleicht nutzt du soziale Medien und postest dort regelmäßig? Wie lange denkst du, hast du gebraucht, damit dieses Verhalten deine neue Gewohnheit wurde? Stelle dir vor, du postet über deinen Sonntagsausflug, bekommst ein paar Likes und vielleicht noch nette Kommentare. Dein Dopamin schießt nach oben – das Social-Media-Fieber hat dich gepackt. Du musst dich nicht ewig lang durch die Feeds quälen und Beiträge online stellen, um zu einem Gewohnheitstier auf Insta & Co zu werden.

Wäre es nicht schön, eine x-beliebige gewünschte Veränderung ginge uns ebenso leicht von der Hand? Gesunde Ernährung, regelmäßige Bewegung, mit dem Rauchen aufhören – oder dem Stress ein Schnippchen schlagen. Grundsätzlich kein Problem. Veränderungen brauchen nicht zwangsläufig unzählige Schleifen an Training.

DER KATALYSATOR UND SHORTCUT ZU NEUEN GEWOHNHEITEN: GUTE GEFÜHLE.

Was unser Gehirn mit ausreichend starkem Belohnungsempfinden verbindet, gräbt sich rasch ein. Bereits einmal kann genügen – und ein neues Verhalten ist angelegt.

Lass uns aber zunächst einen Mythos entkräften – den von der Macht unseres Willens. Unsere Willenskraft ist großartig, damit wir am Montag um 6:00 Uhr aus dem Bett steigen, auf eine Party verzichten, um für eine nahende Prüfung zu lernen, oder endlich den Keller aufräumen. Unser Wille ist allerdings schlecht darin, dafür zu sorgen, dass du wochen- und monatelang eine Diät durchhältst.

Ernüchternd: In neun von zehn Fällen scheitern unsere guten Vorsätze.

Vielleicht kennst du Menschen, die als besonders diszipliniert gelten. Sportlerinnen etwa, die bei jedem Wind und Wetter an ihrer Leistung arbeiten. Diese Disziplin ist genau genommen ein Trainingsverhalten, das zur Routine geworden ist. Gewohnheiten haben eine ungeheure Macht.

Warum aber reicht der gute Wille nicht? Erinnere dich noch mal kurz an das Hirnmodell: Es gibt die äußere Schicht des Stirnhirns – und es gibt die tiefen Schichten des limbischen Systems. Unsere Willenskraft kratzt nur an der Hirnoberfläche – hat für sich allein nur marginale emotionale Power. Langfristige Veränderung erfordert, dass das limbische System zum Verbündeten wird.

Denke an einen Eisberg. Die Spitze ragt aus dem Wasser. Sie entspricht unserem Bewusstsein, Denken und Verstand. Auch unsere Einsicht und der gute Wille sind hier oben platziert. Der weitaus größte Teil befindet sich unter Wasser. Unsere Emotionen, Bedürfnisse und Motive gehören zu diesem riesigen Bereich des Unbewussten. Über dem Wasser weht Wind, von links nach rechts. Unter der Wasseroberfläche zieht eine Strömung von rechts nach links. Wohin schwimmt der Eisberg? Der Eisberg schwimmt in die Richtung jener Kräfte, die unten wirken. Mit unserem Gehirn ist das genauso. Trotzdem versuchen wir meist, oben Stürme, Orkane und Hurrikans zu erzeugen. Und wundern uns, dass wir oder unser Gegenüber sich nicht in die Richtung bewegt, die wir gerne hätten.

WAHRE VERÄNDERUNG PASSIERT NUR, WENN DAS UNBEWUSSTE MITSPIELT.

Typische Botschaften an die Eisbergspitze wären »Reiß dich zusammen«, »Sei selbstbewusster«, oder »Lebe gesünder«. Die unteren Schichten erreichst du aber so nicht. Dafür sind Bilder, Sprache und Musik geeignet, die starke Emotionen hervorrufen, weil sie an unseren Bedürfnissen andocken. Konkret bedeutet das: Zusätzlich zu deinem bewussten Ziel brauchst du die Ebene der unbewussten Motive. Du kannst dich oder andere Menschen nicht gegen diese Motive verändern, sondern nur mit diesen Motiven. Ohne Selbsterkenntnis oder Menschenkenntnis wird das nicht funktionieren. Die Motive äußern sich in Körperwahrnehmungen, in der Körpersprache, der Mimik und Gestik. Das ist die Sprache unseres Unbewussten. Sind die Körpergefühle angenehm, die Körpersprache offen und entspannt, wird es eher klappen, als wenn ein unangenehmes Gefühl und erhöhte Muskelspannung dich begleiten. Das gilt für Coaching, Führung, Therapie, Unterricht – oder wenn es darum geht, lästige Laster loszuwerden.

Veränderung geschieht nicht gegen, sondern nur mit der Persönlichkeit.

Speziell Coaching und Therapie sind daher Prozesse, die nicht nebenbei erfolgreich sind. Sie erfordern viel Vertrauen, eine gemeinsame Wellenlänge. Der Coach oder die Therapeutin müssen die Fähigkeit besitzen, die Sprache des Unbewussten zu lesen und darauf entsprechend zu reagieren. Auch hier ist emotionale Intelligenz der Schlüssel zum gewünschten Ergebnis.

Die Wissenschaft ist überraschend klar, wenn es darum geht zu verstehen, welche grundlegenden Eigenschaften ein erfolgreicher Coach, eine effektive Führungskraft oder eine Toptherapeutin benötigen. Es sind nämlich konkret zwei verschiedene Eigenschaften, mit denen wir bei anderen andocken und sie dann zu Veränderungen bewegen können.

Das eine Merkmal, mit dem du einen guten ersten Eindruck machst, aber auch andere Menschen für dich einnimmst, ist emotionale Wärme. Du kannst es auch Empathie oder Sympathie nennen. Binnen Bruchteilen von Sekunden entscheidet unser Gehirn, ob wir das Gegenüber als »gut« oder »böse« einstufen. Das ist evolutionär bedeutsam, von dieser Einschätzung konnte in der Steinzeit unsere Lebenserwartung abhängen. Wir achten dabei auf alle Aspekte der Kommunikation: Körpersprache, Stimme und natürlich die Worte. Aber am Anfang, für die schnelle Einschätzung, sind eine offene und muskulär lockere Körpersprache, bei der man die Hände und am besten auch die Handinnenflächen sieht, sowie ein freundliches Lächeln Signale für emotionale Wärme.

Das zweite Merkmal ist Kompetenz. Unsere Autorität und Durchsetzungsstärke fallen darunter. Die Körpergröße selbst, ebenso wie eine gerade und raumeinnehmende Körperhaltung, zielgerichtete und nicht hektische Bewegungen sowie die Kleidung zahlen auf diese Eigenschaft ein.

WER VERSTEHT, WAS ANDERE MENSCHEN BEWEGT, DER VERSTEHT, WIE MAN ANDERE MENSCHEN BEWEGT.

Gehen wir mal gemeinsam die vier Möglichkeiten durch, wie Wärme und Kompetenz zusammenwirken.

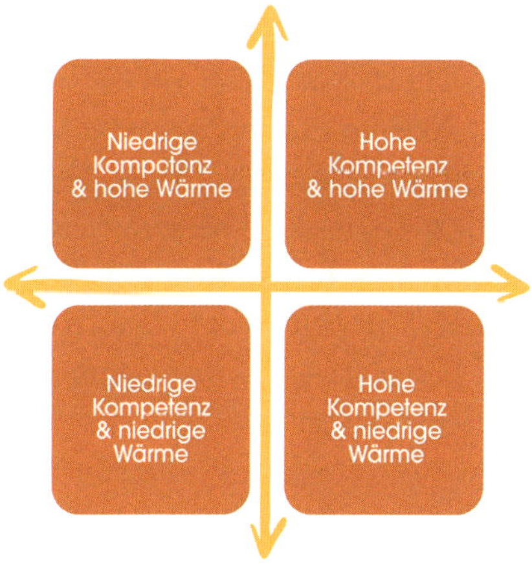

Abbildung: Dr. Marcus Täuber

Wer wenig Wärme und wenig Kompetenz ausstrahlt, wird kaum positive Wirkung auf andere entfalten.

Wenig Wärme und viel Kompetenz lassen uns kalt und arrogant wirken. Das Gefühl, das beim Gegenüber entsteht: Neid.

Viel Wärme und wenig Kompetenz bedeuteten, dass wir nur nett rüberkommen. Hier ist das Gefühl, das beim Gegenüber entsteht: Mitleid.

Weder Neid noch Mitleid sind Gefühle, mit denen wir andere inspirieren. Willst du andere Menschen zu Veränderungen motivieren und von neuen Sichtweisen oder Inhalten überzeugen, brauchst du eine Wirkung, die sich aus *ausreichend Wärme und Kompetenz* zusammensetzt. Dadurch gewinnst du das Vertrauen der anderen – die Basis, um andere positiv zu beeinflussen.

Unsere Persönlichkeiten sind ein wesentlicher Faktor in der Wirkung auf andere Menschen. In der Beratung, als Lehrerin, in der Führung, in der Therapie – eigentlich in jeder zwischenmenschlichen Beziehung sind *hohe emotionale Wärme und hohe Kompetenz* die Haupttreffer. Sie führen zu ausreichend Vertrauen und Überzeugungskraft.

Ermittle deinen Wirkfaktor

Gib deiner emotionalen Wärme und deiner Kompetenzwirkung je einen Wert von 1 (gar nicht vorhanden) bis 10 (sehr stark vorhanden). Zeichne eine Matrix mit den vier Feldern (je von 1–5 und von 6–10) und schau, wo du dich befindest. Wenn du deine Wirkung genau bestimmen lassen möchtest, lass dich von zehn Personen aus deinem Umfeld anonym beurteilen.

Und wie ist das, wenn wir uns selbst verändern möchten? Dann müssen wir ebenso die tieferen Schichten des Gehirns erreichen, also weit unter die Wasseroberfläche vordringen. Wir gelangen zu dem, was wir als Kern unserer Identität betrachten. Dazu brauchen wir die richtigen Bilder und die richtige Sprache.

WENN MENSCHEN SICH VERÄNDERN, VERÄNDERT SICH IHRE IDENTITÄT.

Statt »Ich rauche nicht mehr« würdest du beispielsweise eine Zigarette mit dem Satz »Ich bin Nichtraucherin« dankend ablehnen. Deine Kommunikation wird auf deine neue Identität geeicht. Du kannst dir auch vorab ausmalen, wie dieses neue Selbst denkt, fühlt, sich kleidet, ausdrückt und verhält. Je detailreicher du dir deine neue Persönlichkeit vorstellst, desto besser. Du trainierst deine Veränderung im Kopf.

Fünf weitere mentale Erfolgsstrategien helfen dir, dass die gewünschte Veränderung glückt:

- *Erste Strategie: Entspannen statt Druck!* Druck aktiviert unser Stresssystem und damit unsere Überlebensprogramme. Die Logik unseres Gehirns: Greif unter Stress auf alte Muster zurück, denn die haben sich bereits bewährt. Wer sich an einer Diät versucht, wird unter Stress also eher wieder zu Schoko und Chips greifen. Falls wir darauf mit Frust, Schuldgefühlen und noch mehr Druck reagieren, kommen wir in einen Teufelskreis. Du weißt es bereits: Negative Emotionen engen unser Verhaltensrepertoire ein und schnellen die schiefe Ebene talwärts noch schräger.

- *Zweite Strategie: Gute Gefühle!* Die Erkenntnisse zur »broaden-and-build!«-Theorie, die uns bereits begegnet ist (siehe Seite 97), können wir uns zunutze machen. Gute Gefühle öffnen unsere Aufmerksamkeit und stärken unser persönliches Wachstum. Beim Mittagsbüffet öffnet sich der Blick weg von Fett und Zucker hin zu Alternativen. Wir finden kreative Wege, den Versuchungen zu widerstehen und bleiben motiviert. Gesünder zu leben, ist als Motiv allerdings zu schwach, um das Belohnungszentrum in unserem Gehirn ausreichend zu aktivieren, um beispielsweise mit dem Rauchen aufzuhören. Die Erfolgsquote liegt im unteren einstelligen Prozentbereich. Bei einem guten Grund, etwa wegen einer Schwangerschaft, schaffen es zehnmal mehr Menschen, die angestrebte Veränderung zu halten. Daher sollten wir erkunden, warum wir uns wirklich ändern möchten. Den guten Grund identifizieren und ihn emotional erlebbar machen. Beim Rauchen könnten das Gefühl von Freiheit oder Stolz starke Motivatoren sein.

- *Dritte Strategie: Gut geplant ist halb gewonnen!* Ein Ziel ohne Plan ist »zahnlos«. Gewohnheiten sind automatisierte Verhaltensweisen. Diese Routinen werden durch Reize ausgelöst. So greifen beispielsweise viele Menschen zum Glimmstängel, wenn sie gestresst sind oder sich eine Pause gönnen möchten. Ausformulierte Wenn-dann-Pläne helfen, das Gehirn neu auszurichten. Wir schreiben uns auf, in welchen Situationen wir bisher geraucht haben und welches neue Verhalten wir nun an den Tag legen möchten. Alleine durch solche Umsetzungspläne erhöht sich die Wahrscheinlichkeit, das neue Verhalten zu starten, von 39 auf 91 Prozent.
- *Vierte Strategie: Schritt für Schritt!* Neue Gewohnheiten schleifen sich langsam ins Gehirn ein. Verantwortlich dafür sind die Basalganglien. Daher: Besser auf die Politik der kleinen Schritte setzen, als zu viel zu schnell zu wollen. Wer zum Beispiel mit Sport beginnen möchte, tut sich leichter, es erst mal langsam anzugehen. Mit jeder Wiederholung lernt das Gehirn ohnehin mit – und verinnerlicht den neuen Lebensstil.
- *Fünfte Strategie: Mit Taktgefühl!* Wer beispielsweise sein Studium erfolgreich durchziehen möchte, sollte dabei auf die Macht der Rhythmik setzen. Also besser Montag, Mittwoch und Freitag um sieben Uhr die Inhalte der letzten Vorlesung durchgehen, statt zu unterschiedlichen Zeiten zu pauken. Gewohnheiten sind gespeicherte Rituale. Je mehr Konstanz wir am Anfang in das neue Verhalten bringen, desto leichter tut sich der Kopf, daraus eine neue Routine zu formen.

Wichtig ist, dass du im Kopf behältst, dass Gewohnheiten zu ändern konkret bedeutet, eine alte Gewohnheit durch eine neue Gewohnheit zu ersetzen. Das kann eine Atemübung, ein Glas Wasser oder der Griff zu Papier und Kugelschreiber sein, mit denen du dir eine gute Idee notierst. Überleg dir daher immer, was du stattdessen tun möchtest.

Gewohnheiten ändern – jetzt

Welche Gewohnheit möchtest du loswerden? Was möchtest du stattdessen tun? Beschreibe anhand der fünf Strategien oben, wie du diese Veränderung jetzt konkret umsetzen kannst.

Um unsere Erfolgschancen noch weiter nach oben zu katapultieren, verrate ich dir jetzt den Booster für gute Gefühle schlechthin. Er ist verblüffend einfach, aber sehr effektiv. Steigere jedes Mal, wenn du ein erwünschtes Verhalten zeigst, deine guten Gefühle mit einer kleinen Aktion. Die Liste der Möglichkeiten ist dabei schier unendlich: Sag »Ja!«, balle die Hand zu einer Siegerfaust, lächle groß und breit, applaudiere dir zu oder stelle dir einen tosenden Applaus vor, summe ein motivierendes Lied, mach einen kleinen Tanz, nicke, gib dir selbst ein Daumen hoch oder ein High Five, schnippe mit den Fingern, mache eine Gewinnerpose, stelle dir ein Feuerwerk vor oder ein Wow von Zuschauern …

DU DARFST DEIN GUTES VERHALTEN FEIERN, WIE DU MÖCHTEST.

Du hast die Wahl: Du kannst dein Verhalten über viele Wiederholungen ins Gehirn einschleifen lassen oder du kürzt den Prozess ab und nutzt die Kraft der positiven Emotionen.

Kürzlich hatte ich einen großen TV-Auftritt. Ich durfte meine Produktidee bei »2 Minuten, 2 Millionen« pitchen. Die Puls4-Startup-Show ist das österreichische Pendant zu »Die Höhle der Löwen« im deutschen Fernsehen. Womit ich den Pitch gewonnen habe: mit genau diesen Prinzipien, die ich dir hier vorgestellt habe. Die Software Brain Changer® verbindet Entspannungsreize und Motivationskicks durch Bilder, motivierende Sprüche und binaurale Beats, um im Gehirn für gute Gefühle zu sorgen, die helfen, eine gewünschte Gewohnheit zu erzielen.

Nimm gute Gefühle mit

Gute Gefühle bilden den Schlüssel zu wirksamer Veränderung unserer Gewohnheiten – und zwar ohne langwierige Wiederholungen. Verhalten und Emotionen sind nicht entkoppelt. Es gibt einen klaren Zusammenhang. Je besser du dich fühlst, wenn du etwas tust, desto eher tust du es wieder. Dazu müssen wir an den Bedürfnissen und Motiven andocken und innere Widerständer verhindern. Für Coaching, Führung und Therapie bedeutet das: Erst wenn ich die Persönlichkeit und das Verhalten akzeptiere, kann ich nachhaltige Veränderung bewirken.

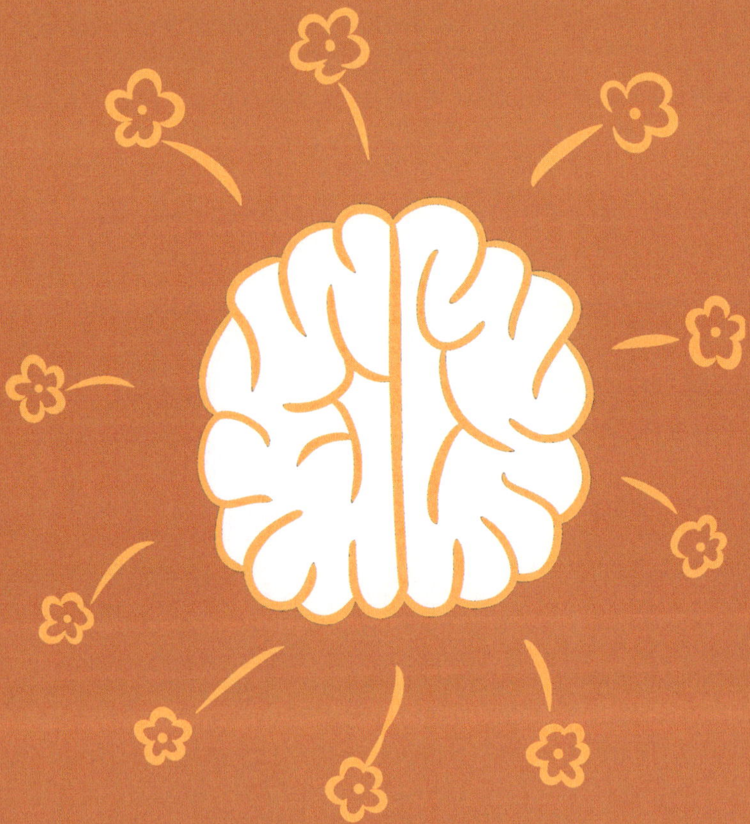

DIE LEICHTIGKEIT DES SEINS

Morgens brauche ich meinen Kaffee, um wach zu werden. Vormittags muss ich unbedingt dieses Projekt beenden. Und mittags darf ich nicht vergessen, meinen besten Freund anzurufen.

SPRICHST DU AUCH DIE SPRACHE DER ABHÄNGIGKEIT?

Brauchen, müssen und *nicht dürfen* – wir sehnen uns nach einem selbstbestimmten Leben, und wir spinnen doch um unseren Alltag ein unsichtbares Netz aus Geboten und Verboten. Unser Leben erlangt dadurch unnötig mehr Schwere.

Wann hast du dagegen Leichtigkeit verspürt? Ein gutes Gefühl aus Freiheit, Wohlbefinden und aufgewecktem Geist? Ich gebe zu, spontan fällt mir als Erstes ein Urlaub ein, wo ich vom Balkon des Hotelzimmers auf das weite blaue Meer geblickt habe. Die Luft war klar und salzig. Das Licht der Sonne hat sich im Wasser gespiegelt. Zwei Wochen Strandurlaub hatten gerade begonnen – keine Verpflichtungen, viel Erholung, aber auch die Möglichkeit, aus einer Vielzahl interessanter Freizeitaktivitäten und Erkundungen auszuwählen.

Woher kommt dieses Glücksgefühl, woher stammen unsere angenehmen Empfindungen? Unser Blick sucht die Ursache meist im Außen. Schönes Wetter, schöne Umgebung, alles im Lot. »Wenn dieses und jenes passiert, dann geht es mir gut« – mit solchen Denkmustern geben wir die Verantwortung über unsere Gefühlswelt ab.

Dasselbe gilt auch für den umgekehrten Fall. Wenn wir im Leben mit irgendwelchen Schwierigkeiten zu kämpfen haben, suchen wir instinktiv nach einer Lösung im Außen. Wir haben den Wunsch, dass sich die Umstände ändern. Unser Beziehungsstatus, unsere Lebenssituation, unser Arbeitsplatz. Geht es der Psyche nicht gut, so das Credo der Psychologie, müssen wir die Ursache suchen, in der Kindheit graben, die Vergangenheit aufarbeiten. Das kann ganz schön anstrengend sein.

Geht das auch anders? Vielleicht sogar mit Leichtigkeit? Ich möchte dich zu einer provokanten Annahme einladen: Was, wenn diese Abhängigkeit von den Dingen im Außen oder unserer Vergangenheit nichts anderes als eine Illusion unseres Kopfes wäre? Was, wenn Druck immer von innen käme?

WAS, WENN UNSER DENKEN ERST PROBLEME ERSCHAFFT?

Für viele Menschen in meinen Vorträgen und Seminaren sind solche Fragen zunächst kühn. Ich frage bei dieser Gelegenheit auch gerne in die Runde, was es typischerweise für Probleme gibt. Da kommen Beispiele wie kein Job, zu wenig Geld auf der Kante, kein Partner mehr und Single-Status, vielleicht auch noch Rückenschmerzen. Meine Antwort: Genau genommen handelt es sich nicht um Probleme, sondern schlicht um Tatsachen. Diese Dinge passieren. Schauen wir uns den Unterschied zwischen Tatsachen und Problemen an einem einfachen Beispiel an.

Stelle dir vor, du möchtest Samstagnachmittag im Garten ein gutes Buch lesen. Das Wetter passt, die Kinder sind nicht daheim. Alles ist parat für Entspannung. Plötzlich ein lautes Geräusch. Der Nachbar hat seinen Rasenmäher angeworfen. Der Lärm macht deine Pläne zunichte. Wie reagierst du?

Wenn unsere Erwartung sich nicht mit unserer Wahrnehmung deckt, schaltet das Gehirn seine Alarmanlage ein. Du hast die Amygdala bereits kennengelernt – dieser mandelkernförmige Teil in den Schläfen wird in helle Aufregung versetzt. »Das geht jetzt nicht – so eine Frechheit«, denken wir. Adrenalin schießt durch die Venen, ein Gefühl von Ärger lässt dich erbost ein paar Unfreundlichkeiten über den Zaun zum Nachbarn schreien.

Probleme entstehen dann, wenn unsere Erwartung sich nicht mit unserer Wirklichkeit deckt und wir diese Situation negativ bewerten. Es entsteht ein Energieschub, mit dem Ziel, die Wirklichkeit zu ändern. Diesen Energieschub nennen wir Ärger oder in stärkerer Ausprägung

Wut. Biologisch betrachtet laufen in solch einer Situation Programme unseres Gehirns ab, um mit gesteigerter Kraft und erhöhter Risikobereitschaft uns selbst, unsere Familie und unseren Besitz zu verteidigen. Es handelt sich um eine akute Stressreaktion.

Kommen wir zurück zu den Beispielen für Probleme von oben: kein Job, zu wenig Geld auf der Kante, kein Partner mehr, Rückenschmerzen. Aus diesen Tatsachen werden Probleme, wenn wir denken, ohne diesen Job verhungern zu müssen, die finanzielle Schieflage unsere Lebensfreude sabotiert, nur dieser Partner der einzig richtige für uns ist oder die Rückenschmerzen dafür sorgen, dass wir uns nur noch mühsam die Treppen hochschleppen können. Aus diesen bewertenden Gedanken folgt Widerstand – wir kämpfen gegen die Tatsachen. Und zwar nicht nur im diesem Moment, sondern – im übertragenen Sinne – auch lange, nachdem der Rasenmäher schon wieder im Schuppen steht. Dieser dauerhafte Kampf lässt den Ärger immer wieder hochkochen, ist mit Anstrengung und Mühe verbunden. Ein Problem mit aller Kraft lösen zu wollen, reißt mitunter neue Probleme auf. Gefühle von Hilflosigkeit oder Frustration können auftauchen.

Das ist aber kein Schicksal! Wir Menschen können auf die gleichen Umstände sehr unterschiedlich reagieren. Während dem einen beim Rasenmäher-Beispiel der Kragen platzt, nimmt der andere es gelassen hin. Schließlich muss der Rasen gemäht werden und dadurch werden Löwenzahn & Co geköpft und verbreiten sich nicht. Vielleicht kennst du jemanden, der neben einer stark befahrenen Straße oder einer Eisenbahnlinie wohnt. Es gibt Menschen, die den Lärm nach einer Weile gar nicht mehr hören, während andere wahnsinnig werden, wenn wieder ein Lkw oder Zug vorbeidonnert.

MEINE EMPFEHLUNG: TRENNE TATSACHEN VON PROBLEMEN.

Was passiert außen? Was passiert innen? Wie geht es dir damit? Sei dir bewusst, dass deine Gedanken erst deine Gefühle ausformen. Und dass du nicht alles glauben musst, was du denkst.

Denke Ungeheuerliches

Such dir in Gedanken einen Menschen, den du sehr liebst. Zum Beispiel deinen Partner. Dann stelle dir vor, du sollst den Satz »Mein Partner wird nächsten Sonntag im Lotto gewinnen« niederschrieben. Geht leicht von der Hand, oder? Nun stelle dir vor, du müsstest »Mein Partner wird nächsten Sonntag sterben« schreiben. Was geht in dir dabei vor?

Vermutlich sträubt sich viel in dir gegen diesen zweiten Satz. Ich kann mir gut vorstellen, dass du ihn nicht schreibst. Vielleicht findest du diese Aufgabe auch ungeheuerlich von mir und findest, so etwas schreibt oder sagt man einfach nicht. Gefühle wie Ärger, Scham oder Ekel können dich begleiten.

Warum betrachten wir so einen Satz derart problematisch? Möglicherweise hast du Angst, der Satz könne sich erfüllen. Die Überzeugung, dass Gedanken Konsequenzen haben, ist in unserem Gehirn verdrahtet. Wir beten für jemanden, schicken Glückwünsche zum Geburtstag oder bestellen uns beim Universum einen Parkplatz. Auch wenn unsere Gedanken auf unseren Körper und unsere Psyche wirken, beispielsweise beim Placebo-Effekt, kann diese Sichtweise schnell übers Ziel hinausschießen. Dass wir jemanden verfluchen können, indem wir für nächsten Sonntag seinen Tod ankündigen, ist jedenfalls wissenschaftlich nicht belegt.

Bücher wie »The Secret« oder »Bestellungen beim Universum« betonen die erfüllende Wirkung von Gedanken auf alles, was uns im Leben passiert. Der große Erfolg vom »Gesetz der Anziehung«, wonach wir das bekommen, was wir im Innersten denken oder fühlen, bestätigt, dass diese Haltung zur Relevanz von Gedanken einen Nerv in uns trifft.

Keine Frage: Bewusster zu denken und klare Ziele zu setzen, kann eine wichtige Stütze für unser Leben sein. Wichtig ist nur die Abgrenzung, sich bei Krankheiten oder Schicksalsschlägen nicht schuldig zu fühlen. Für mich sind unsere Gedankengänge und Denkgewohnheiten Teil unseres Lebensstils. So wie nicht rauchen, ausgewogene Ernährung und ausreichend Bewegung uns gesund und fit halten können, vermögen positive Gedanken uns zu unterstützen.

Menschen, die zu Ängsten, Depressionen und Zwängen neigen, haben eine besonders intensive Wahrnehmung ihrer Gedanken – und befeuern sie richtiggehend. Aus Spinnen werden Monster, aus negativer Sicht des Lebens pure Verzweiflung, und Rufe im Kopf lassen uns mehrmals prüfen, ob die Haustür wirklich zugesperrt ist.

Was kann geschehen, wenn wir diesen Prozess durchschauen? Was passiert, wenn wir unser negatives Denken nicht mit Energie beladen, sondern im Gegenteil, ihr Kraft entziehen? Ich habe diesen Effekt zufällig entdeckt, bei einer Klientin, die ich hier Lisa nenne.

Die junge Frau erzählt mir, dass sie unsicher war. Ich fragte nach Beispielen, und die junge Frau meinte, dass sie in ihrem Job als Assistentin enorm gefordert sei und die Angst habe, mal etwas Wichtiges zu vergessen. Sie erzählte auch, dass es mit Beziehungen nicht klappe, weil sie nicht genau wisse, was sie wolle. Sie möchte keinen schweren Fehler begehen. Das sind legitime Punkte: den Job gut machen, sich über Beziehungen Gedanken zu machen – kurzum, zu klären, was sie beruflich und privat tun kann, damit es ihr besser geht. Da mir aber nicht klar war, wie diese Bedürfnisse mit der Eigenschaft generell *unsicher* zu sein, in Zusammenhang stehen, fragte ich:

»Was ist, wenn du nur denkst, unsicher zu sein?«

Diese einfache Frage war völlig harmlos gemeint. Ich hätte mir nicht im Traum einfallen lassen, welche Folgen diese hatte. Beim nächsten Termin stellte Lisa alle Probleme infrage, die ihr kurz davor noch groß und übermächtig schienen, und sie meinte entspannt:

»ES SIND JA NUR GEDANKEN UND NICHT DIE WIRKLICHKEIT.«

Ihre Sicht auf ihr Leben war wie auf den Kopf gestellt – alles fühlte sich für sie mit einer neuen ungeahnten Leichtigkeit an.

Diese Erfahrung lässt mich seither nicht mehr los. Was bedeutet es zu erkennen, dass Probleme nur eine Folge unseres Denkens sind? Was bedeutet es zu erkennen, dass unser Denken kein Ding ist, kein greifbarer Gegenstand wie der Tisch vor mir, sondern eine Konstruktion des Gehirns? Was kann passieren, wenn wir erkennen, dass wir dem Denken zu viel Einfluss geben?

Als Hirnforscher habe ich ohnehin einen sehr skeptischen Blick auf das, was wir Realität nennen. Die Welt da draußen mag aus Strahlung, Energie oder Raum und Zeit bestehen. Das sind Themen der Physik. Was ich sagen kann: Die Farben, die wir sehen, die Musik, die wir hören, und der Tisch vor uns als abgetrennt wahrnehmbarer Gegenstand, all das wird von unserem Geist erzeugt. Es gibt keine Farbe Rot, sondern nur eine Welle mit einer bestimmten Frequenz, es gibt keine Sonate, sondern nur Schwingungen von Luftmolekülen, und der Begriff Tisch hat sich unser Kopf ersonnen, um zu wissen, dass man etwas draufstellen kann. Das Universum ist farblos, stumm und in Wahrheit eins. Ich weiß, das ist jetzt sehr philosophisch, aber mir persönlich hilft es, die Dinge in den richtigen Rahmen zu setzen. Lisa und vielen anderen meiner Klientinnen und Klienten hat dieser Aha-Effekt ebenfalls geholfen.

»Wenn du denkst, du denkst, dann denkst du nur, du denkst« – dieser Titel eines Liedes der deutschen Schlagersängerin Juliane Werding bringt es für mich auf den Punkt. Während die Musikerin Vorurteile über sie als Mädchen aufs Korn nimmt, können wir auch unsere Vorurteile über die Dinge, die uns belasten, aufs Korn nehmen.

Unser Denken gibt der Welt eine Form, damit wir darin bestehen, überleben und uns fortpflanzen können. Gefühle begleiten diese Form als spürbare Bewertung. Sie geben den nüchternen Wahrnehmungen noch eine eigene subjektive Prägung. Das zu durchschauen, bietet enorme Erleichterung – der sprichwörtliche Stein fällt uns vom Herzen.

SPRECHEN WIR ES OFFEN AN: WIR DENKEN MEIST ZU VIEL.

Ich nehme mich da nicht aus. Früher war ich sogar ein leidenschaftlicher Grübler. Das hatte sein Gutes, denn ich konnte stundenlang über ein Gedicht von Schiller oder die Philosophie Kants reflektieren. Nur um ehrlich zu sein: Das viele Denken um Alltagsdinge hat meinem Leben auch viel an Leichtigkeit genommen. Ich war sehr im Kopf, kaum im Herzen und viel zu wenig im Tun.

Aus der Hirnforschung gibt es dazu mittlerweile einen Fachbegriff, der beschreibt, was unser Gehirn tut, wenn wir nichts tun: das *Default Mode Network* (DMN) oder Ruhenetzwerk ist im Kopf aktiv. Wenn wir uns setzen oder hinlegen und uns den Tagträumen hingeben, feuern Nervenzellen im Stirn- und Schläfenbereich wie verrückt.

Dieser Zustand des Nichtstuns ist ein zweischneidiges Schwert. Zum einen ist die Tagträumerei wie die kleine Schwester des Träumens im Schlaf: Wir assoziieren frei unsere abgespeicherten Bilder und Erinnerungen. Daraus schöpfen wir viel kreatives Potenzial. Die meisten Ideen kommen uns in den Sinn. Leider vergessen wir sie meistens auch so schnell, wie sie gekommen sind.

Wenn wir allerdings zu viel in diesem Ruhenetzwerk verweilen, formen sich im Gehirn wahre Problemschleifen. Wir werden unzufrieden mit uns selbst, werden nostalgisch, was »die gute, alte Zeit« betrifft, und malen uns den Worst Case in der Zukunft aus. Zu viel Grübeln macht uns unzufrieden. Es aktiviert Ängste, sorgt für depressive Verstimmung und erhöht unsere Selbstzweifel.

Umgekehrt bestätigt die Meditationsforschung: Wenn es uns gelingt, Gedanken runterzufahren und unseren Fokus auf das Hier und Jetzt zu richten, macht sich in der Regel Wohlbefinden breit. So war es auch bei Lisa. Ihr Geist wurde ruhig und klar. Du kannst es dir vorstellen wie eine Flasche, gefüllt mit Wasser und Sand, die kräftig geschüttelt wird. Wenn du durchguckst, siehst du eine trübe Flüssigkeit. Wenn du die Flasche eine Weile stehen lässt, sinkt der Sand zu Boden. Das Wasser wird klar.

Das passiert beispielsweise, wenn wir im Urlaub zur Ruhe kommen. Vorhin habe ich den Blick aufs Meer genannt. Aber: Damit unser Kopf ruhig und klar wird, brauchen wir nicht zwangsläufig einen Flug nach Andalusien und keine Autofahrt nach Friesland. Die Fähigkeit, dass wir unser Denken setzen lassen und so ein gutes Gefühl erlangen, tragen wir immer mit uns. Wir erfahren sie, wenn wir in einer Tätigkeit, die wir lieben, aufgehen und die Zeit um uns herum vergessen. Kinder, die spielen, sind sehr viel in diesem Flow. In meinen Trainings erzeugen meine Teilnehmerinnen diesen Zustand, indem sie intensiv in ihren Körper hineinspüren.

Aber es geht noch einfacher. Wenn wir diesen Aha-Effekt erleben, dass es nur *Denken* ist, was uns belastet, kann uns das ebenso in diese Verfassung mentaler Stärke führen. Wir fühlen uns leicht –, ohne an etwas Bestimmtes zu denken. Speziell die fernöstliche Kultur beschreibt in ihren spirituellen Texten das Phänomen des klaren Geistes oder reinen Bewusstseins. Menschen, die viel Meditationspraxis aufweisen, kennen dieses Erlebnis, eins mit der Welt zu sein.

Der deutsche Philosoph Thomas Metzinger, der an der Universität Mainz forscht und lehrt, hat dazu eine neue bahnbrechende Forschungsarbeit durchgeführt. An seiner Seite: der Psychiater Alex Gamma vom Universitätsspital Zürich in der Schweiz. 1403 Bögen mit je 92 Fragen, die von Meditierenden aus verschiedenen Ländern ausgefüllt wurden, kamen zur Auswertung. Im Zentrum des Interesses des wissenschaftlichen Duos stand das Gefühl von »reinem Bewusstsein«, die Erfahrung von Gewahrsein ohne Inhalt.

Es kam zu einer erstaunlichen Erkenntnis: Dieses spirituelle Phänomen ist keine Rarität und schon gar keine Spinnerei. Sondern sie wird quer über die Meditationserfahrenen berichtet. Und eine weitere spannende Erkenntnis: Eigenschaften wie ein Empfinden von Stille, großer Klarheit und eines wachen Bewusstseins ohne Ich-Gefühl finden sich bei allen Menschen, die von diesem Zustand berichten, unabhängig von ihrer Kultur und Vorerfahrung. Auch ein Gefühl von Einsicht und Wissen ohne Inhalt, ohne auf sich selbst oder etwas im Außen Bezug zu nehmen, ein Erleben ohne Zeitgefühl – ohne ein Erleben der Gegenwart – findet sich in den Ergebnissen.

Thomas Metzinger erbrachte ebenfalls Hinweise, dass dieses Phänomen nicht nur bei Meditation auftreten kann, sondern genauso beiläufig im Alltag. Zum Beispiel im traumlosen Tiefschlaf, oder wenn wir in einer Aufgabe versunken sind. Vermutlich begleitet uns dieser Zustand in vielerlei Hinsicht – oftmals unbemerkt.

DAS »REINE BEWUSSTSEIN« IST KEINE ESOTERIK, SONDERN EINER UNSERER VIELEN MÖGLICHEN HIRNZUSTÄNDE.

Es hat nichts mit Erleuchtung zu tun, sondern es ist einfach eine bislang kaum beachtete Form von Gefühl: ein Wohlgefühl ohne Inhalt, ohne Gedanken, rein auf ein Empfinden des Seins bezogen. Wir können also nachgewiesenermaßen unsere Gefühlswelt vom Denken reinigen und so in ein Empfinden kommen, das unabhängig ist von Leidenschaften, Individualität und dem Bezug auf konkrete Objekte in der Welt. Es findet sich in der Studie von Metzinger und Gamma, ebenso wie in alten spirituellen Texten wie dem Tibetischen Totenbuch. Im Tibetischen Totenbuch bekommen wir Anleitungen, um bereits zu Lebzeiten die Kunst des Sterbens zu erlernen. Sinngemäß und sehr einfach von mir zusammengefasst: Wenn wir ins Leere gehen, erwerben wir Freiheit von Ängsten.

Für dich bedeutet das: Lass dein Denken zur Ruhe kommen und genieße, welche Folgen das für dich und deine Psyche haben kann. Du brauchst dazu keinen besonderen Anlass von außen. Du brauchst dazu auch keine komplizierte Methode, kein kompliziertes Konzept und keine Anstrengung. Die Leichtigkeit des Seins ist in dir, wenn du dein Denken nicht zu wichtig nimmst. Sie begleitet dich bereits, sie möchte lediglich jetzt von dir entdeckt werden.

Nimm gute Gefühle mit

Wenn wir unsere Abhängigkeiten in der Sprache hinterfragen und unser Denken zur Ruhe kommen lassen, verlieren Probleme viel von ihrer Kraft. Die Fähigkeit, Stille und Klarheit ohne Ich-Empfinden oder andere Inhalten zu erleben, wird von spirituell Praktizierenden als reines Bewusstsein beschrieben. Eine große aktuelle Studie zeigt, dass reines Bewusstsein keine Rarität ist, sondern ein natürlicher Zustand, der uns begleitet.

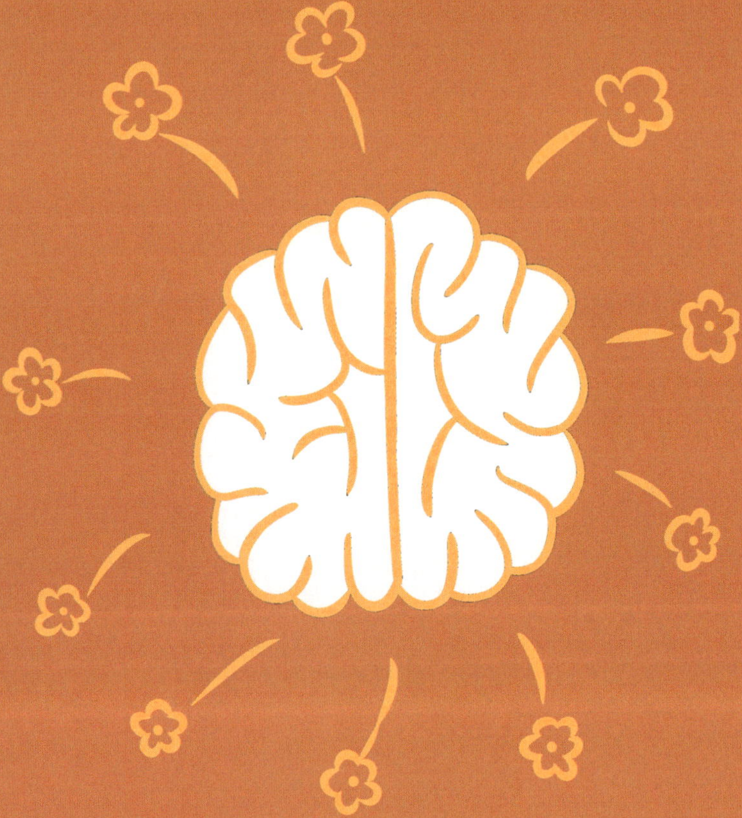

BRAIN CARE FÜR JEDEN TAG

Ängste, Sorgen und Zweifel drücken schwer aufs Gemüt. Die Psyche verliert an Kraft, und mit ihr auch der Körper. Wir fühlen uns erschlagen, kriegen in der Nacht kein Auge zu, sind antriebslos und versuchen nur noch zu funktionieren. Wir werden anfälliger für Infekte und chronische Erkrankungen.

Jennifer Morey und ihre Kollegen von der University of Kentucky fassen mehrere Jahrzehnte Forschung zusammen, wo es um die Folgen von Stress für das Immunsystem geht. Demnach geht sowohl akuter als auch chronischer Stress mit einem höheren Gehalt entzündungsfördernder Moleküle einher.

Stress funktioniert so: Die Amygdala wird in Erregung versetzt, wenn wir etwas Bedrohliches erleben, wenn wir glauben, dass wir es erleben könnten und sogar, wenn wir nur an etwas Bedrohliches denken. Das Gehirn leitet Nervenimpulse an das Nebennierenmark, wo Adrenalin für erhöhten Blutdruck und Herzschlag sowie erweiterte Bronchien in den Lungen sorgt. Rasche Energiemobilisierung steht im Vordergrund. Im Gehirn selbst wird der Botenstoff Noradrenalin ausgeschüttet, der für Wachheit und Fokus zuständig ist. Unsere Konzentration gilt der möglichen Gefahr. Die Nervennetze sind bereit, einfache Abwehrmechanismen zu steuern: Kampf, Flucht, Totstellen.

Zu dieser raschen Reaktion ist die etwas langsamere Antwort über Moleküle nachgestellt, die vom Gehirn an die Nebennierenrinde geschickt werden. Diese setzt das Stresshormon Kortisol frei, das unsere Verdauung, unser zelluläres Immunsystem und unsere Fortpflanzungsorgane stoppt. Als Reaktion auf Stress wird kurzfristig unnötiger Energieverbrauch abgestellt und alles auf unser unmittelbares Überleben getrimmt.

EIN STRESSERLEBEN SORGT FÜR EINE NEUVERTEILUNG DER ENERGIE.

Dauert dieser Stress nur kurz an und ist er nicht überbordend, erholen sich danach Körper und Geist wieder – mehr noch: Wir gewinnen an Stresskompetenz und mentaler Stärke. Dadurch können wir zukünftige Stressereignisse noch besser bewältigen.

Was aber, wenn Körper und Geist nicht zur Ruhe kommen? Und das über Wochen, Monate und Jahre nicht? Die erhöhte Belastung für Herz und Blutdruck bleibt, Verdauung, Immunsystem und Fortpflanzungsorgane werden dauerhaft aus dem Gleichgewicht gebracht. Mögliche Folgen: Herz-Kreislauferkrankungen, Reizdarm, Potenzstörungen, Unfruchtbarkeit, Anfälligkeit für Infekte und chronischentzündliche Beschwerden wie Morbus Crohn, aber auch Depressionen. Es gibt keinen gesunden chronischen Stress. Selbst wenn wir den Stress nicht bewusst bemerken oder sogar als anregend empfinden, unser Organismus reagiert still und heimlich in einem Modus dauerhafter Alarmbereitschaft und Entzündung.

Negative Emotionen effektiv bewältigen zu können und gute Gefühle zu fördern, sind somit kein Luxus, sondern wesentliche Bestandteile einer gesunden Lebensweise. In meinen Vorträgen frage ich gerne, wer sich heute schon die Zähne geputzt hat. Alle zeigen auf. Dann frage ich, wer sich heute schon das Gehirn geputzt hat, zum Beispiel durch Meditation. Nur wenige zeigen auf. Für mich sollte Psychohygiene genauso selbstverständlich sein wie Zähneputzen und Haarwäsche.

Interessant sind in diesem Zusammenhang die Ergebnisse der »Wie-geht's-dir?«-Studie, aus der eine Gefühlslandkarte der Schweiz erstellt worden ist. 9000 Menschen in der Deutsch-Schweiz wurden nach ihrem Befinden und einer Einschätzung von 46 Emotionen befragt. Diese umfangreiche Studie ist in dieser Form einzigartig und eine wahre Schatzkiste. Die am positivsten beurteilten Emotionen sind *Liebe, Freude und Geborgenheit.* Am negativsten schneiden *Geringschätzung, Verzweiflung und Hoffnungslosigkeit* ab. Neutrale Beurteilungen gab es kaum – Emotionen lassen uns eben nicht kalt. Im Schnitt sind es 14,3 Emotionen, die im Leben eine Rolle spielen. Bei jüngeren Frauen sind es mehr, bei älteren Männern weniger. Auch wenn Alter und Geschlecht einen Einfluss ausüben –

die allgemeine psychische Verfassung ist der wichtigste Faktor im emotionalen Erleben.

Wer mental stark ist, zeigt hohe Werte bei Entspanntheit, Selbstbewusstsein und Geborgenheit. Hoffnungslosigkeit dagegen dominiert bei Menschen in schlechtem psychischen Zustand. Noch etwas Spannendes aus der Studie: Gegen negative Gefühle am beliebtesten ist es, sich zu bewegen und an die frische Luft zu gehen. Die Antworten wundern mich nicht – immerhin ist die Schweiz ein wunderschönes Land mit beeindruckender Natur.

Das Wissen zu Stress, Emotionsregulation und der Wirkung guter Gefühle kannst du nutzen, um mehr Wohlbefinden zu erlangen, aber auch, um aktiv die psychische wie körperliche Gesundheit zu fördern und deine persönliche Entwicklung zu unterstützen. Dazu gebe ich dir jetzt ein paar Werkzeuge an die Hand, um Anspannungen zu lösen. Betrachte dieses Angebot wie einen mentalen Feinkostladen, indem du shoppen gehst. Schau dich um, und probiere aus, was dich anspricht. Gemäß dem Zitat des Kampfsportlers und Schauspielers Bruce Lee gilt: Nimm an, was nützlich ist. Lass weg, was unnütz ist. Und füge das hinzu, was dein Eigenes ist. Die Idee ist immer, negative Emotionen runter- und gute Gefühle raufzuschalten.

Starten wir mit etwas, das uns ständig begleitet. Wir machen es etwa 20.000-mal pro Tag. Doch meistens widmen wir ihr keine Aufmerksamkeit. Wir tun es »vorbewusst«, wie man in der Hirnforschung sagt. Das heißt, es ist uns nicht bewusst, kann aber leicht bewusst gemacht werden. Ich meine unsere *Atmung*. Bestimmt hast du schon gehört, dass die Atmung wichtig für unser Wohlbefinden ist und dass es Atemtechniken gibt. Im Yoga heißen die Atemtechniken Pranayama, und es gibt Bauchatmung, Wechselatmung, Feueratmung, Stoßatmung und noch einiges mehr.

Atme ruhig. Atme tief. Atme gleichmäßig. Solche Tipps begegnen uns im Internet häufig, wenn es darum geht, Anspannungen zu lösen – doch welche Atemtechnik hilft bei der Vielzahl an Möglichkeiten nachweislich, Stress abzubauen und Ängste loszuwerden? Dazu gibt es brandneue Ergebnisse. Psychiatrie-Professor David Spiegel und Neurobiologe Andrew Huberman leiteten die Studie, die Anfang 2023 veröffentlicht wurde. Was sich zeigt: Es gibt einfache Techniken mit verblüffender Wirkung: die Angst geht runter, die Stimmung geht rauf und die Ruheatmung verlangsamt sich – Letzteres ist ein Zeichen für einen entspannten Allgemeinzustand.

Konkret wurden in der Studie folgende Methoden über einen Monat hinsichtlich dieser Effekte miteinander verglichen:

- *»Cyclic Sighing« (zyklisches Seufzen).* Dabei wird zweimal hintereinander durch die Nase eingeatmet, ohne dazwischen auszuatmen und anschließend sehr langsam durch den Mund ausgeatmet.
- *»Box Breathing« (Quadratatmung).* Hier wird jeweils gleich lange eingeatmet, kurz die Luft angehalten, ausgeatmet, kurz die Luft angehalten.
- *»Cyclic Hyperventilation« (zyklische Hyperventilation).* Hierbei wird lange eingeatmet und nur kurz ausgeatmet, wie beim Hecheln.

- *Achtsamkeitsmeditation:* Hier wird die Atmung bewusst und mit offenem Gewahrsein beobachtet.

Die Erkenntnisse aus dieser Studie sind höchst bedeutsam.

- Spannendes Ergebnis Nummer eins: Mit nur fünf Minuten am Tag lässt sich enorm viel für eine bessere Stimmung erreichen.
- Spannendes Ergebnis Nummer zwei: Die Atemtechniken erweisen sich wirksamer als die Achtsamkeitsmeditation.
- Spannendes Ergebnis Nummer drei: Als effektivste Atemtechnik kristallisiert sich das zyklische Seufzen heraus, das mit langem Ausatmen einhergeht.

Die Resultate aus dem Vergleich zeigen also einen klaren Sieger. Wissenschaftlich ist es gut erklärbar, dass langes Ausatmen einen sehr starken entspannenden Effekt hat. Denn Ausatmen aktiviert den Nervus vagus, wir haben unseren großen Entspannungsnerv bereits kennengelernt.

Mich freut die Bestätigung aus Stanford persönlich, da ich mit dem mehrfachen Weltrekordhalter im Freitauchen, Christian Redl, zusammenarbeite und wir das lange Ausatmen unterrichten, mit dem Ziel, Ängsten, Stress und Schlafproblemen ein Schnippchen zu schlagen. Wichtig ist mir trotzdem zu betonen, dass die Studie nicht sagt, dass Achtsamkeit oder andere Atemtechniken schlecht sind. Die Ergebnisse zeigen lediglich, dass, wenn es schnell und einfach gehen soll – über einen Monat und mit fünf Minuten am Tag –, das langsame Ausatmen den größten Nutzen gegen Stress und für eine gute Stimmung bringt. Die langfristigen Vorteile von Achtsamkeit für unser Wohlbefinden sind davon unbenommen. Probiere es daher mal aus!

Atme Ängste und Stress weg

Zweimal hintereinander durch die Nase kurz einatmen, ohne dazwischen auszuatmen und anschließend deutlich länger durch den Mund ausatmen – diese Technik kannst du überall einsetzen. Im Büro, im Stau, und wenn du dich traust, auch im Bus. Sie verhilft nicht nur kurzfristig zu weniger Anspannung, sondern regelmäßig angewandt ebenso dazu, dass die Welt freundlicher aussieht.

Übrigens: In meiner Coaching-Praxis nutzte ich gerne eine simple Form dieses Prinzips: Ich lasse Klientinnen und Klienten ein »FFF« ausatmen. Die Zähne bremsen dabei das Ausatmen, wodurch dieser automatisch verlängert wird.

Wie sieht es eigentlich bei dir aus, wenn du dich auf mehrere Aufgaben gleichzeitig konzentrieren sollst? Bist du multitaskingfähig? Gerüchten zufolge sollen Frauen darin besser sein als Männer. Das stimmt aber nicht! Wir alle können Kaugummi kauen und einen Brief schreiben, Radio hören und Autofahren – aber nur, weil Kaugummi kauen und Autofahren bereits in Fleisch und Blut übergegangen sind.

Was wir nicht können: Zwei oder mehr Dinge gleichzeitig bewusst zu schaukeln. Denn dann pendelt unsere Aufmerksamkeit wie wild hin und her. Unsere Leistungsfähigkeit sinkt, wir machen mehr Fehler. Einer Bekannten von mir wurde das zum Verhängnis. Die Personalmanagerin hat während einer Besprechung parallel Lohnaufstellungen bearbeitet und dann die Gehälter versehentlich an alle im Unternehmen verschickt. Auch wenn die Folgen nicht immer so dramatisch sind: Es ist keine gute Idee, mehr als eine Aufgabe konzentriert zu bewerkstelligen.

Das ist aber eine gute Nachricht – sie eröffnet eine große Chance. Manche Dinge gehen uns nicht mehr aus dem Kopf – und am liebsten würden wir deswegen in die Luft gehen. Der vermutlich einfachste Weg, Gefühle zu lenken, ist über unseren Fokus. Denn die Eigenschaft, dass wir uns nur auf eine Sache konzentrieren können, eröffnet uns die Möglichkeit, unliebsame Gefühle rascher loszuwerden. Wir konzentrieren uns auf etwas anderes und beeinflussen damit unsere Gefühle.

FOLGENDE WICHTIGE FRAGE: WAS HAST DU EIGENTLICH ZUM FRÜHSTÜCK GETRUNKEN UND GEGESSEN? KAFFEE ODER TEE? MÜSLI ODER BROT? BESCHREIBE BITTE, WAS DU GETRUNKEN UND GEGESSEN HAST UND WIE ES DIR GESCHMECKT HAT.

Falls du dich über diese Frage in diesem Zusammenhang wunderst, hast du völlig recht. Dein Frühstück hat nichts mit dem Thema dieses Buches zu tun. Dein Fokus hat sich gerade völlig verändert – denn Fragen verändern die Aufmerksamkeit. Vielleicht kannst du dir vorstellen, wie sich dadurch auch unsere Stimmung mitverändern kann.

Ändere deinen Fokus – gegen Ärger

Stelle dir selbst eine Frage oder lass sie dir von jemandem stellen, wenn du zum Beispiel Ärger loswerden möchtest. Das soll etwas sein, worüber du nachdenken musst und das am allerbesten auch deinen Fokus Richtung gute Gefühle lenkt. Ein paar Beispiele: Welches sind meine drei Lieblingsbücher? Wohin möchte ich unbedingt mal verreisen und warum? Was esse ich abends am liebsten und wie soll die Mahlzeit konkret zubereitet sein?

Probiere einfach aus, ob dieses einfache Tool dir bei deiner negativen Emotion helfen kann. Übrigens: Die Tatsache, dass wir keine Multitasker, sondern Singletasker sind, lässt sich auch gegen Selbstzweifel und Sorgen bestens einsetzen. Dazu eine weitere Technik, die auf diesem Phänomen beruht.

Oft sorgen Zweifel dafür, dass wir nicht ins Handeln kommen. Soll ich oder soll ich nicht? Kann ich es? Und was, wenn es schiefgeht? Wenn der Kopf voll ist, dann nutz doch die einfachste Meditationsform der Welt: das Zählen.

Zähle den Countdown – gegen Zweifel und Sorgen

Wenn der Kopf voll von Zweifeln und Sorgen fast platzt und du dir wünschst, er wäre wieder aufnahmefähiger für neue gute Gedanken, die wiederum neue gute Gefühle fördern, gibt es die Longversion zur Übung davor.

Zähle von 30 in Zweierschritten runter. Also 30, 28, 26 … bis 0. Und versuche, ohne auf die Uhr zu blicken, dies in genau 30 Sekunden zu schaffen. Stelle dir am besten einen Timer. Falls du bei 0 bist, und der Timer hat noch keine 30 Sekunden gemeldet, zähle in Zweierschritten wieder rauf. Also von 0 auf 2 auf 4 usw.

Wie ist dein Ergebnis? Wenn du bei 0, 2 oder 4 gelandet bist, hast du ein gutes Zeitgefühl. Aber egal, ob du die 30 Sekunden auf den Punkt getroffen hast oder weiter davon entfernt warst, du profitierst von dieser Übung. Durch die Konzentration auf das Zählen hast du andere Gedanken beiseitegeschoben. Du kannst nun mit guten Gedanken und Gefühlen frisch in den Alltag gehen.

Atmung, Fokus – zwei mächtige Werkzeuge für dein Wohlgefühl. Und das Beste: Du hast beide Werkzeuge immer zur Hand. Ihre Verwendung läuft meist ohne bewusste Beeinflussung ab – und genau das kannst du ändern. Mach dir bewusst, dass du sie steuern kannst. Und dann tu es auch.

Du brauchst sie nur ein wenig zu verändern, und deine Psyche verändert sich mit.

Was du ebenfalls stets dabei hast, ist dein Körper – von den Zehenspitzen bis zur Schädeldecke. Wie dein Körper gerade spricht, also welche Haltung du einnimmst, welche Mimik und Gestik du zeigst, wie deine Stimme klingt, all das ist Ausdruck deines Innenlebens. So weisen Studierende, die gerade eine Prüfung bestanden haben, eine aufrechtere Körperhaltung auf. Ihr Stolz zeigt sich bei Messungen von Videoaufnahmen.

Die Forschung der letzten Jahre zeigt aber: Es geht auch in die andere Richtung. In jeder Situation weist unser Körper eine bestimmte Haltung auf. Und die beeinflusst, wie wir uns fühlen. *Bodyfeedback* nennt die Wissenschaft dieses Phänomen.

UNSER GEHIRN VERBINDET IM WAHRSTEN SINNE DES WORTES VON KINDESBEINEN AN KÖRPERLICHE HALTUNG UND BEWEGUNG MIT EMOTIONALEN ZUSTÄNDEN.

Stelle dir zwei Gruppen von Versuchspersonen vor, die glauben, an einer Untersuchung zum räumlichen Denken teilzunehmen. Die erste Gruppe saß dazu acht Minuten aufrecht, die zweite Gruppe denselben Zeitraum gekrümmt. Dann bekam jede Gruppe geometrische Puzzles, die unlösbar waren. Die Forschenden wollten wissen, ob die Körperhaltung das Durchhaltevermögen beeinflusst. Das Ergebnis: Wer vorher in aufrechter Sitzhaltung verharrt, gibt bei dem Test später auf. Ergonomische Arbeitsplätze sind nicht nur gut für den Rücken, sondern auch für den Geist.

Ein ähnliches Experiment zeigt, dass wir in aufrechter Haltung vermehrt Lob annehmen und ein Gefühl von Stolz erleben können. Wer gekrümmt sitzt, den rühren die positiven Worte emotional nicht – das Lob kommt nicht an.

Schmollmund oder echtes Lachen – auch das wirkt sich auf unsere Psyche aus. Wer einen Stift nur mit den Lippen hält, empfindet Cartoons als weniger lustig als jemand, der einen Stift mit den Zähnen einklemmt, und so ein Lachen simuliert. Von klein auf verknüpft unser Gehirn äußere Situationen mit Emotionen – und diese Nervennetze werden in beide Richtungen verschaltet. Darum lachen wir nicht nur, wenn etwas witzig ist, sondern wir empfinden etwas als witziger, wenn wir lachen.

Diese und eine Vielzahl weiterer Ergebnisse belegen: Wie wir sitzen, stehen und gehen, welche Muskeln wie angespannt sind, all das beeinflusst unsere Gefühlsleben. Ideal ist es natürlich – und das ist ein wesentlicher Teil meines Coachings – den gesamten Körper dauerhaft in eine aufrechte und entspannte Haltung zu bringen. Also nicht nur mit den Mundwinkeln zu lächeln, sondern mit dem gesamten Körper Freude auszudrücken. So können wir den maximalen Effekt erzielen. Und diese positive Veränderung in den Alltag einzubauen. Es verändert sich langfristig unsere Grundstimmung – gute Gefühle werden gefördert.

Auf Dauer leidet nicht nur unser Rücken, sondern auch unsere Psyche, wenn wir krumm und verspannt durchs Leben gehen.

Für die schnelle Hilfe setzen wir hier auf einen kleinen, aber feinen Effekt auf Knopfdruck. Probiere dazu folgende Übung aus.

Haltung zeigen für gute Gefühle

Stelle deine Füße bequem und etwa schulterbreit auf den Boden. Lockere dich auf, in dem du entspannt ein wenig mit den Fersen auf- und abhüpfst. Die Zehen bleiben mit dem Boden in Kontakt. Dann richte dich entspannt auf – mach dich so groß wie möglich. Achte darauf, dass die Schultern locker bleiben und du die Knie nicht durchdrückst. Atme in den Bauch und zeige ein strahlendes Lächeln. Genieße die guten Gefühle, die dich begleiten. Das kann Freude, Gelassenheit oder Stolz sein.

Für Entspannung im Körper zuständig ist vor allem der Nervus vagus. Er macht seinem Namen alle Ehre und vagabundiert mit seinen zahlreichen Verästelungen durch den Oberkörper und Herz, Lunge und Magen-Darm-Trakt. Er beruhigt Herzschlag und Lunge. Im Magen-Darm-Trakt regt er die Verdauung an.

Wenn wir den Vagus-Nerv stimulieren, leiten wir Entspannungsreaktionen ein. Wir bieten dem Körper also den natürlichen Gegeneffekt zu Anspannung und Stress. Darum sind *Vagus-Stimulation* oder *Vagus-Meditation* Schlagwörter, die für Bestsellerbücher gesorgt haben. Auch hier ist allerdings Vorsicht geboten:

NICHT JEDE TECHNIK IST GEEIGNET, DEN VAGUS-NERV TATSÄCHLICH ZU AKTIVIEREN.

Ich verwende gerne drei einfache Techniken, die auch der deutsche Sport- und Präventivmediziner Gerd Schnack beschreibt. Sie zielen auf den Kehlkopf ab.

Love Vagus

Mit der 3S-Formel können wir dem Vagus-Nerv unsere Liebe bekunden und ihn in freudige Erregung versetzen. Die 3S stehen für Summen, Schnurren und Singen. Wichtig ist, dass du in tiefer Tonlage ein *Mmm* summst, wie eine Katze schnurrst oder ein Lied singst, ich denk bei Letzterem gerne an die tiefe Stimme von Lee Marvin und sein Lied »Wandering Star«. Durch das sonore Summen, Schnurren und Singen wird der Kehlkopf in Vibration versetzt. Muskelreize werden an Nervenimpulse übertragen, die ins Gehirn weitergeleitet werden. Dort wird der Nervus vagus aktiviert, der für angenehme Entspannung der inneren Organe sorgt. Unser Körper regeneriert.

Bereits erwähnt habe ich die Love-Kindness-Meditation, auch Metta-Meditation genannt (Metta meint in Sanskrit Freundschaft, Güte oder Mitgefühl). Sie wird schon in einer Lehrrede beschrieben, die auf Buddha zurückgehen soll. Die Metta-Meditation verbessert außerdem die Beziehung zu sich selbst – und ich möchte sie dir als Training zum Selbstmitgefühl ans Herz legen, als nachweislich wirksame Form, mit sich selbst in eine gesunde und wertschätzende Beziehung zu treten. Ich gebe dir eine kurze und einfache Anleitung mit.

Schließe Freundschaft mit Benefits

Setze dich bequem hin, vielleicht auch auf ein Sitzkissen, schließe die Augen und beobachte deine Atemzüge. Vielleicht merkst du, wie du langsam zur Ruhe kommst, Körper und Geist Entspannung finden.

Wende dich mit deiner Aufmerksamkeit dir selbst zu und schicke dir Wünsche von Liebe und Wohlwollen. Sätze wie »Möge ich glücklich sein«, »Möge ich gesund sein«, »Möge ich mich geborgen und sicher fühlen« beispielsweise. Du findest bestimmt etwas, das für dich stimmig und angenehm ist.

Wiederhole die Sätze so lange, bis du tatsächlich ein Gefühl der Liebe, Zuneigung und des Wohlwollens empfindest. Spüre es in und mit deinem Körper.

Im nächsten Schritt versuchst du, diese Gefühle auch für eine dir nahestehende Person zu empfinden. Du kannst dir dazu die Person vor deinem geistigen Ich vorstellen, ihr ins Gesicht und vielleicht sogar in die Augen blicken. Schicke dieser Person ebenso Wünsche wie »Mögest du glücklich sein«, »Mögest du gesund sein«, »Mögest du dich geborgen und sicher fühlen«.

Wiederhole die Sätze, bis dieses Gefühl und eine innige Verbundenheit mit dieser Person für dich spürbar ist. Dann kehre zur Beobachtung deines Atems zurück, öffne in deinem eigenen Tempo die Augen und nimm dieses Gefühl in den Alltag mit.

Wie geht's dir damit? Die fortgeschrittene Version wäre übrigens, dieses Gefühl dann auch auf ferne bzw. neutrale Personen zu übertragen, in weiterer Folge auf für dich unliebsame und unsympathische Menschen und schlussendlich auf alle Lebewesen.

Ich hoffe, du findest hier ein für dich nützliches Tool. Im Buch habe ich dir zuvor schon andere Techniken vorgestellt, die dir auf den Weg zu einer starken Psyche helfen können: Der Perspektivwechsel bei negativen Emotionen oder die Klopftechnik beispielsweise. Du kannst die Techniken gerne auch kombinieren.

Was ich regelmäßig für meine Psychohygiene tue, möchte ich dir ebenfalls verraten. Ich liebe Zen-Meditation. Bei dieser Meditationspraxis mache ich nichts anderes, als 25 Minuten still auf einem Kissen zu sitzen und den Augenblick wahrzunehmen. Und selbst wenn ich dies schon seit Jahren praktiziere – manchmal gelingt mir das ruhige Sitzen sehr gut, manchmal ist aber mein Kopf einfach zu voll.

Ein wichtiger Teil meines Morgenrituals: drei Minuten kalt duschen. Meist beginne ich mit den Armen und Beinen – und setze anschließend die kalte Dusche über den ganzen Körper fort. Falls du es ausprobieren möchtest: Beginne zunächst mit einer warmen Dusche – und lass danach kaltes Wasser vorsichtig und nicht länger als eine Minute über den Körper laufen.

Kälte ist zunächst Stress für den Körper. Allerdings: Wie beim Sport setzen danach Regenerations- und Wachstumsprozesse ein. Speziell unser Immunsystem dürfte davon profitieren. Niederländische Forscher konnten in einer Studie an über 3000 Personen zeigen, dass sich bei Kaltduschern die Krankenstände um 29 Prozent reduzierten. Für mich steht allerdings die Förderung mentaler Stärke im Vordergrund. Mit einer Unpässlichkeit in den Tag zu starten, ist gleich in der Früh ein schönes Erfolgserlebnis. Und nach dem kalten Wasser fühle ich mich energiegeladen und erfrischt – ein tolles Gefühl.

Was mache ich sonst: Ich liebe Waldspaziergänge mit Mia. Zuerst das Naturerlebnis, das unsere Entspannungsreaktion aktiviert – und dann das genüssliche Chillen mit der Mischlingshündin auf dem Sofa. Speziell an Wochenenden nehme ich mir dafür ausreichend Zeit. Hast du noch Tipps und Tricks? Schreib mir gerne, mein Kontakt steht am Ende des Buches.

Nach diesen vielen kleinen Praxistools und persönlichen Hacks möchte ich dich einladen, die Prinzipien einer nachhaltigen Veränderung des Gehirns zu entdecken. Wichtiger Warnhinweis: Das nächste Kapitel kann dein Leben transformieren. Nachsatz: aber zum noch Besseren.

Nimm gute Gefühle mit

Die richtige Atemtechnik, die Kontrolle deines Fokus, die Stimulierung deines Erholungsnervs und die Güte mit sich und den anderen erleben – diese einfachen Tools lösen Anspannungen des Alltags und erhöhen deine emotionale Kompetenz.

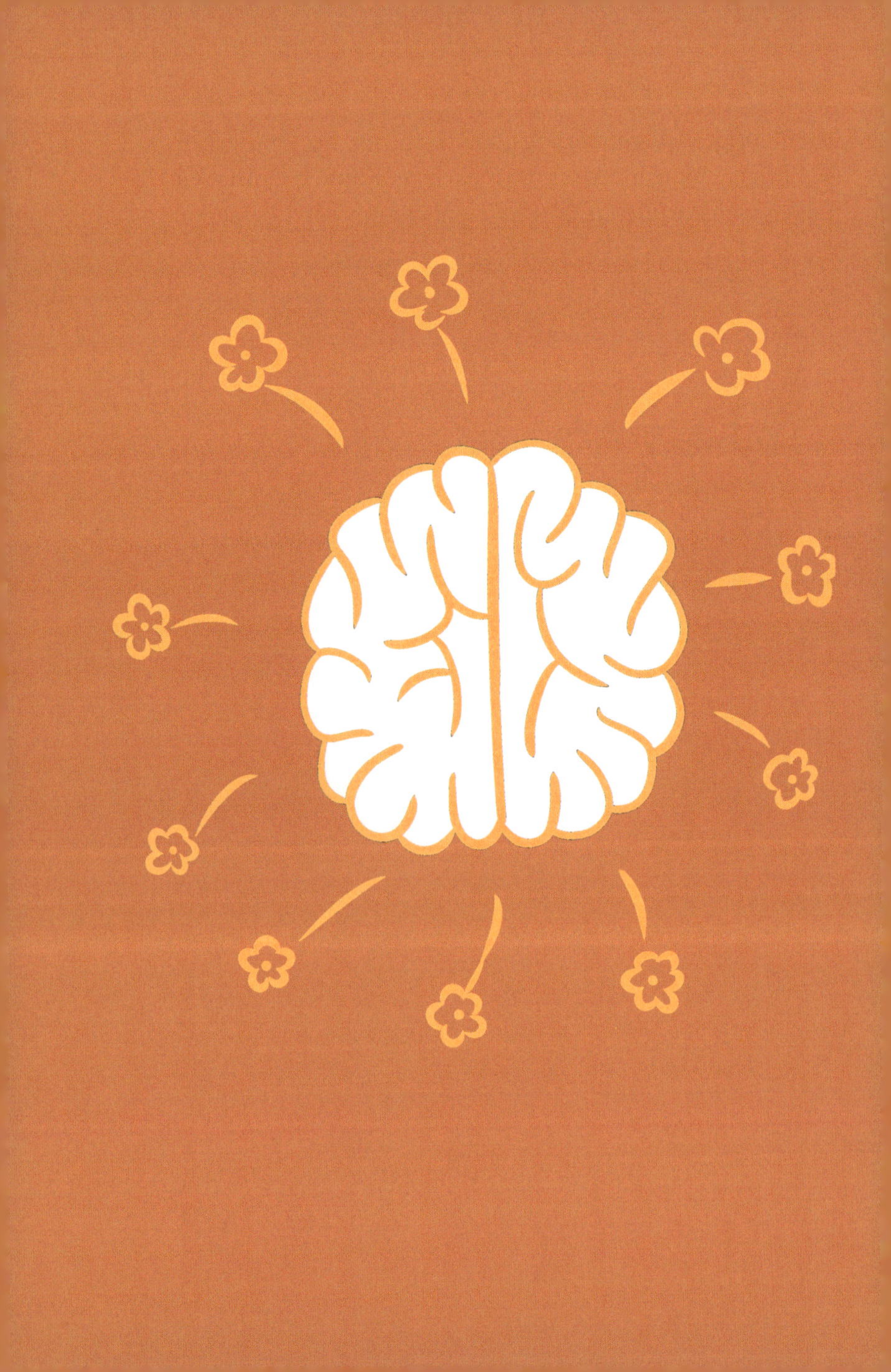

GUTE GEFÜHLE NUTZEN

Nach vielen Inhalten, Tipps und Tools ist es an der Zeit, dir mentale Erfolgsstrategien und eine Methode vorzustellen, die den Kreis schließt. Es geht darum, nicht nur für kurzfristige Erleichterung zu sorgen, sondern langfristig die Kraft guter Gefühle zu nutzen.

Dazu muss ich zunächst als Neurobiologe mit manchen gängigen Therapieansätzen hart ins Gericht gehen. Viele psychologische Konzepte wurden zu einer Zeit entwickelt, als wir noch sehr wenig über das Gehirn und seine Veränderbarkeit wussten. Es war eine Zeit, in der unseren guten Gefühlen keine Beachtung geschenkt wurde. Daher stehen traditionell Gespräche und Probleme noch immer viel zu sehr im Vordergrund, die emotionalen Stärken unseres Gehirns dagegen im Hintergrund.

Die Idee, psychische Beschwerden durch Gespräche zu lösen, geht auf Johann Heinroth zurück. Er prägte 1816 den Begriff »Psychotherapie«. Für Sigmund Freud um 1900 war die Erforschung unterdrückter Triebe in der Kindheit der Schlüssel zu psychischer Gesundung. In den 1930ern wandte sich die Therapie dem Einüben neuer Verhaltensweisen, etwas später im Rahmen der »kognitiven Wende« neuer Denkweisen zu. Aus diesen Phasen entwickelten sich verschiedene Richtungen. Im deutschsprachigen Raum gibt es bis heute in Ausbildung und Anwendung eine strikte Trennung der Psychotherapie nach Schulen wie Verhaltenstherapie, Kognitiver Therapie und Tiefenpsychologie. Was die großen Psychotherapiestudien zeigen: Keine der höchst unterschiedlichen Ansätze ist den anderen Schulen über- oder unterlegen. Psychotherapie wirkt, wenn auch nur bei einem Teil der Patientinnen – und das stark abhängig von einer vertrauensvollen Beziehung zwischen Therapeutin und Patienten. Was Vertrauen hervorruft, hast du schon erfahren: warmes und kompetentes Auftreten. Die Methode selbst ist überraschenderweise zweitrangig.

Der deutsche Psychotherapieforscher Klaus Grawe hat zentrale Wirkfaktoren herausgearbeitet, die für den Therapieerfolg maßgeblich sind. Dazu gehören neben der gerade erwähnten therapeutischen Beziehung die Ressourcenaktivierung, wo es darum geht, Stärken und Potenziale einer Person auszubauen – die Problemaktualisierung, wo möglichst gut erkundet wird, welche Probleme überhaupt wann auftreten. Dabei können zum Beispiel Rollenspiele, Vorstellungsübungen oder Tagebücher helfen. Es gehören aber auch die Klärung der Ziele, Bedürfnisse und Motivation dazu und Hilfe bei der Problembewältigung, zum Beispiel durch Entspannungsverfahren oder Strategien zur Emotionsregulation.

Das Wiederkauen von Problemen oder das Herumwühlen in Erfahrungen der Kindheit findet sich dabei nicht. Aus Sicht der Hirnforschung birgt dies sogar die Gefahr, nicht nur immer wieder die negativen Emotionen auszulösen, sondern auch Erinnerungen ins Negative zu verfälschen und durch die Wiederholungen das Gehirn noch weiter Richtung Problem zu trainieren.

Vielleicht kennst du Menschen, die gerne über ihre Probleme reden. Sie erzählen von ihren Ängsten, Sorgen und tun ihren Ärger kund. Das schafft für sie kurz Erleichterung. Und weil du höflich bist, hörst du zu und zeigst Verständnis. Diese Menschen bekommen Aufmerksamkeit dafür, dass sie über Probleme reden. Das Gehirn empfindet diese Aufmerksamkeit als belohnend, sie werden davon abhängig. Ein Teufelskreis, der sich nicht nur im Freundeskreis, sondern auch in der psychotherapeutischen Praxis formt.

Ich wünsche mir, dass die Erkenntnisse von Klaus Grawe und die der positiven Psychologie von Martin Seligman viel stärker Einzug halten würden. Ich wünsche mir, dass es zu einer »emotionalen Wende« kommt, in der unsere Emotionen und insbesondere die guten Gefühle in den Mittelpunkt rücken. Und zwar in die therapeutische Praxis genauso wie im Coaching. Denn auch fürs Coaching lässt sich viel aus den Erkenntnissen lernen, die mit der Wirkweise unseres Gehirns und der Wirkung guter Gefühle zu tun haben. Da es zu Coachingmethoden wenig Studien gibt, lassen sich Wirkweise und Wirksamkeit von Coaching am besten durch die Erkenntnisse aus der Psychotherapieforschung ableiten.

Aufmerksamkeit und Emotion sind die wesentlichen Bestandteile effektiver Veränderung. Es sind die Erfahrungen, die emotionalen Erlebnisse, die unser Gehirn neu verdrahten.

Erlebnisse bringen Ergebnisse. Gute Erlebnisse bringen gute Ergebnisse.

Auch wenn es fantastische Möglichkeiten gibt, Menschen rasch zu stärken, plädiere ich sehr dafür, von Marktschreierei wie »Glaubenssätze lösen in einer Minute« oder »Ein neues Leben in drei Tagen« Abstand zu halten. Viele Menschen fühlen sich dadurch unter Druck gesetzt und geben sich selbst die Schuld, wenn sich die hohen Erwartungen dann nicht erfüllen. Außerdem besteht jede Veränderung aus zwei Phasen: dem kurzfristigen Impuls und der langfristigen Umsetzung. Nachhaltigkeit bedeutet, die neu verdrahteten Nervennetze gezielt zu trainieren.

Stelle es dir so vor: Wenn jemand abnehmen will, wird ein Stück Käsekuchen weniger noch keine Pfunde purzeln lassen. Wenn jemand im Fitnessstudio zwei Stunden lang Gewichte stemmt, wird er noch nicht zum Muskelprotz. Mit unserer Psyche und Persönlichkeit ist dies nicht anders. Würdest du dich lieber sofort um 50 Prozent in einer beliebigen Fähigkeit verbessern, oder würdest du dich für eine tägliche, stetige Steigerung um 0,1 Prozent über rund zwei Jahre entscheiden? Die meisten Menschen entscheiden sich für den Spatz in der Hand und gegen die Taube auf dem Dach. Ersteres verbessert dich um 50 Prozent, Zweites um satte 100 Prozent.

Daher verbirgt sich der sogenannte *Compound-Effekt*. Wie bei den Zinseszinsen wirken die Erträge auf das Wachstum zurück. Wenn wir jeden Tag nur ein paar Minuten unsere Psyche und Persönlichkeit trainieren, bringt dies über einen Zeitraum von drei bis sechs Monaten sichtbare und spürbare Ergebnisse, die dem Gegenwind im stressigen Alltag bereits zu trotzen vermögen. Setze daher lieber auf die Strategie der kleinen Schritte als auf den großen Wurf. Oder noch besser: auf eine Kombination aus beidem.

In den letzten Jahren habe ich aus Erfahrungen mit Klienten im Mentalcoaching und der Persönlichkeitsentwicklung meinen eigenen Zugang entwickelt und diesen immer weiterausgebaut. Dabei habe ich Überzeugungen über Bord geworfen, die mich zunächst selbst beeinflusst hatten. Vorstellungen wie, dass große Probleme auch große Anstrengung benötigen. Oder, dass unbedingt die Ursache aufgelöst werden muss.

UNSER GEHIRN LIEBT ES, NACH EINER URSACHE ZU FRAGEN.

Selbst für komplizierte Dinge, wo viele unterschiedliche Faktoren mitspielen, möchte es gerne *die eine* Ursache präsentiert zu bekommen. Deshalb sage ich den Kursteilnehmern Dinge wie Folgendes: Wenn ich in den Hundekot gestiegen bin, ist es mir egal, ob es ein Dackel oder ein Schäfer war. Ich brauche Wege, den Schmutz und Geruch vollständig zu entfernen.

Aufträge packe ich mit einer mentalen Doppelstrategie an:

- Einfache Tools, die sofort eine Verbesserung spürbar machen. Du hast einige bereits kennengelernt. Die Idee dahinter: Wir alle sind ungeduldig, wollen sofort Hilfe.

- Und langfristig ausgelegte Strategien. Diese sollen für nachhaltige Persönlichkeitsveränderung und stetig wachsenden Erfolg sorgen. Dazu komme ich noch in diesem Kapitel.

Außerdem möchte ich eben nicht den Fehler begehen, mich auf Kalendersprüche, Problemgespräche und »Tschakka!« zu beschränken – und die Ergebnisse von Klaus Grawe und den Neurowissenschaften unberücksichtigt zu lassen. Ich teile Erkenntnisse hier mit dir und du kannst sie gerne nutzen. Mein Bemühen ist es, dazu die wissenschaftliche Erklärung zu liefern. Ich behaupte nicht, dass meine mentalen Erfolgsstrategien die besten oder einzig wahren sind. Es gibt viele spannende Ansätze und jeder Mensch ist einzigartig – ich denke, der Spruch »viele Wege führen nach Rom« gilt besonders, wenn es um unsere Psyche geht.

Was ist wichtig, um unser Gehirn zum Guten zu verändern? Ich habe es schon erwähnt. Was wir brauchen, sind Aufmerksamkeit und Emotionalität.

WÄHREND NEGATIVE EMOTIONEN UNS SAGEN, WAS WIR NICHT WOLLEN, HELFEN UNS POSITIVE EMOTIONEN DABEI, EIN ZIEL ANZUSTEUERN.

Dazu bergen gute Gefühle das Potenzial, unsere Aufmerksamkeit, Kreativität und Kompetenz zu erweitern und so neue positive Erfahrungen zu machen, die wiederum stärkend zurückwirken. Ich nenne diese Idee das *GG-Konzept*. GG steht dabei als Akronym für *gute Gefühle*.

Zwei Möglichkeiten, das GG-Konzept umzusetzen, habe ich in den letzten Jahren entwickelt: die GG-Methode als Coachingansatz und die App und Software Brain Changer® *(www.brainchanger.tv)* als Tool, um Stress abzubauen und Gewohnheiten zu verändern.

Erstere möchte ich dir genauer vorstellen, sodass du sie für dich anwenden kannst. Ich habe sie an über 100 Klientinnen und Klienten entwickelt und getestet – sie funktioniert und kann auch dein Leben beflügeln! Sie umfasst nur im ersten Schritt die Problemaktualisierung – vier der fünf Schritte beschäftigen sich mit den emotionalen Stärken unseres Gehirns, seinen Ressourcen, Zielen und der Motivation. Der Schwerpunkt liegt also klar auf den sonnigen Seiten in unserem Gehirn. In fünf Schritten zeige ich dir, wie du deine guten Gefühle aktivierst und nutzbar machst. Okay, jetzt geht's los. Fasten your seatbelt.

- *Schritt 1: Nennen und kennen: Was genau ist dein Problem?* Nehmen wir an, du fühlst dich wie unter Strom. Ständig hast du das Gefühl, noch dieses und jenes erledigen zu müssen. Und dein Eindruck: Nie ist das, was du machst, genug. Erkunde: Wie fühlt es sich an, wo nimmst du es wahr? Beschreibe und benenne es möglichst genau, aber ohne es zu bewerten. Also nicht »Es fühlt sich unangenehm an«, sondern »Ich nehme ein flaues Gefühl in der Magengrube wahr, das sich leicht dreht«.

Frage dich, ob du dieses Problem nur denkst, und trenne Tatsachen von deinen Gedanken um diese Tatsachen.

Das Problem ist:

Das fühle ich:

Das denke ich:

Das tue ich:

Was wäre, wenn ich das Problem nur denke?
Was würde sich dadurch ändern?

Am besten schreibst du mit Stift und Papier ganze Sätze – am besten gleich in Form eines Aufsatzes. Je tiefer du dich dabei selbst erforschst, desto besser.

- *Schritt 2: Emotionalen Kompass ausrichten: Nun geht es darum, sich ein Ziel richtig zu setzen.* Meist kommen Menschen und sagen mir, was sie nicht mehr wollen. »Ich möchte nicht so gestresst sein«, »Ich möchte nicht so schüchtern sein«, »Ich möchte mir nicht alles gefallen lassen«. Das ist gut, denn das rüttelt uns auf – wie ein Weckruf zu Veränderung.

  Aber wenn wir in die Bäckerei gehen und »Ich hätte bitte gerne *keine* drei Brötchen« sagen, wird es schwierig. Sollen es dann zwei oder vier sein? Oder ein Brot und wenn ja, welches? Dieselbe Irritation, die hier die Verkäuferin hätte, durchlebt auch unser Gehirn.

  Dieser Schritt soll dir helfen herauszufinden, was du willst. Aber Achtung! Es geht nicht um eine Zielsetzung nach der SMART-Formel. Es geht nicht um eine bestimmte Handlung.

NUN WIRD ES BRISANT: WAS WIR IN WAHRHEIT IMMER WOLLEN UND BRAUCHEN, IST NICHT DIE SACHE AN SICH, SONDERN DAS GEFÜHL, DAS WIR DAMIT VERBINDEN.

Suche also das Gefühl, das dich statt des Gefühls des Problems aus Schritt eins in deinem Leben langfristig begleiten soll. Mit anderen Worten: Überlege dir intensiv, mit welchem Lebensgefühl du gerne durch Alltag und Beruf gehen möchtest. Welches Gefühl hättest du gerne, damit dein Leben sich so anfühlt, wie du dich fühlen möchtest? Von Abenteuerlust über Gelassenheit und Freude bis Zufriedenheit ist jedes denkbare gute Gefühl erlaubt.

Benenne das Gefühl beim Namen und beschreibe, wo im Körper du es wahrnimmst. Lerne dieses Gefühl näher kennen. Dieses Gefühl zu identifizieren, ist in etwa so wie den Kompass ausrichten.

Mein gewünschtes Lebensgefühl:

Was wäre anders, wenn dieses Lebensgefühl dich begleitet? In Beziehungen, in der Freizeit, in der Ausbildung und im Beruf?

....

....

Wo und wie spürst du dieses Gefühl im Körper?

....

....

....

Was nimmst du sonst noch wahr?

Auch von diesem Schritt profitierst du maximal, wenn du deine Erkenntnisse und Empfindungen in ganzen Sätzen aufschreibst. Es gibt hier kein Richtig oder Falsch.

- *Schritt 3: Aufräumen statt träumen. Dieser Schritt ist keine Technik, sondern ein Appel, in deinem Leben ein wenig auf- und umzuräumen.* Dein Lebensgefühl kommt von innen – und eigentlich brauchst du nichts von außen, um dieses Gefühl zu erleben.

  Trotzdem tun wir uns leichter, vor allem, wenn wir noch wenig Erfahrung mit mentalem Training haben, unsere Gefühle durch unser Umfeld zu unterstützen. Beobachte, was in deiner Umgebung dein gewünschtes Gefühl stärkt und was es schwächt.

  Nehmen wir an, du wünscht dir *inneren Frieden* als Lebensgefühl. Wie sieht es bei dir zu Hause aus? Vielleicht löst das rote Bild an der Wand in dir ein gegenteiliges Gefühl aus. Möglicherweise ist dein Schreibtisch voller Ordner und Papiere, sodass du regelmäßig nach Dingen suchen musst – was dir ein Gefühl von Frieden raubt. Gibt es Gegenstände, die, wenn du sie entfernst, dir mehr inneren Frieden verleihen? Deko, Möbel, Zimmerpflanzen?

Welche Materialien, Farben, welche Qualität und Ästhetik fördern bei dir das gute Gefühl? Selbstverständlich können auch ein bestimmter Raumduft oder spezielle Hintergrundmusik dir helfen. Entspannungsübungen in der Frühe, eine Mini-Meditation zu Mittag oder Yoga am Abend können dieses Gefühl fördern. Erforsche, was dein Lebensgefühl ausbremst und was dein Lebensgefühl stärkt – du darfst gerne eine sehr lange Liste führen, deiner Fantasie sind jedenfalls keine Grenzen gesetzt.

Das schadet diesem Gefühl:

Das fördert dieses Gefühl:

Teil dieser Übung ist es, aufzuräumen mit ein paar Dingen, die deinem Lebensgefühl abträglich sind. Und dir Dinge zuzulegen, die deinem Lebensgefühl auf die Sprünge helfen.

RÄUME IN DEINEM LEBEN AUF UND UM, ABER IN DEM TEMPO, DAS FÜR DICH ANGENEHM IST. ES BESTEHT KEIN GRUND, VON HEUTE AUF MORGEN ALLES NEU AUSZUGESTALTEN.

- *Schritt 4: Werbung in eigener Sache. Dein neues Lebensgefühl braucht gute Werbung.* Werbung soll dich beflügeln und erinnern, dein Ziel tatsächlich zu leben. Werbung beeinflusst unser Denken, Fühlen und Verhalten. Gestalte eine Werbung für dich. Denk dir ein Bild und einen Slogan aus, der dich in Zusammenhang mit deinem neuen Lebensgefühl am besten beschreibt.

  Diese Übung ist nicht ganz einfach – ich gebe es zu. Für dein Bild hast du aber eine riesige Auswahl: Du kannst auf echte Menschen aus deinem Bekanntenkreis zurückgreifen, die dir in dieser Angelegenheit ein Vorbild sind. Aber auch auf Film- oder Romanfiguren, Pflanzen, Tiere oder beliebige Gegenstände. Vielleicht erfüllt eine Eiche, die im nahe gelegenen Park steht, das Bild von innerem Frieden, um bei dem Beispiel zu bleiben.

MEIN BILD:

Auch der gute Slogan muss erst gefunden werden. Er soll zum Bild passen und gewisse Anforderungen erfüllen: Er soll kurz und knackig sein. Er soll leicht zu merken sein und dich motivieren. Er ist eine Affirmation – ein stärkender Satz, an dem dein Gehirn Gefallen findet und der mit der Zeit in Fleisch und Blut übergeht.

Dabei musst du nicht das Rad neu erfinden. Du darfst gerne aus Zeitschriften und TV kopieren oder dich inspirieren lassen – schließlich nutzt du ihn ja nur für dich privat. Wenn dich ein Slogan anspricht, orientiere dich an dem Werbespruch eines Schokoriegels, einer Seife oder eines Onlineportals für Hotelzimmer – und wandle ihn gegebenenfalls so um, dass er zu deinem Lebensgefühl passt. Über 180.000 Slogans als Anregung findest du hier: *www.slogans.de*

Meine Vision kennst du bereits aus dem ersten Kapitel dieses Buchs. Ich persönlich habe mir als Ziel gesetzt, Menschen wie dich durch Bücher, Trainings und Vorträge zu einer positiven Veränderung zu inspirieren und dafür vollkommen auf die Macht der guten Gefühle zu setzen. Gemeinsam mit dem Goldegg Verlag habe ich dafür folgenden Slogan entwickelt:

GEFÜHLE, DIE BEFLÜGELN.
NEUROWISSENSCHAFT, DIE BEWEGT.

Und du hast vielleicht beim Lesen bemerkt: Du wirst angeregt, aber auf dem Boden der Wissenschaft. Und genau das (!) bringt dir den Vorsprung!

Nun bist du dran, und keine Angst, du darfst ihn beliebig oft ändern oder daran feilen, bis er für dich stimmig ist. »Das Leben ist ein Arbeitstitel« – pflege ich zu sagen. Das gilt erst recht für einen Lebensgefühl-Slogan.

MEIN SLOGAN:

- *Schritt 5: Gefühle, die beflügeln.* Da ist er schon wieder, mein Slogan als Titel für Schritt fünf. In diesem letzten Teil der Methode geht es wirklich rund. Jetzt kommt der wichtigste Part, um bei dir die guten Gefühle zu nutzen, die bereits in dir stecken.

  Im Kapitel »Emotionale Vitamine« hast du die Top Ten der guten Gefühle kennengelernt. Mit diesen Gefühlen wollen wir nun gemeinsam etwas entwickeln, das tatsächlich sehr viel bewegen kann.

  Nimm jedes der folgenden zehn Gefühle und finde einen Satz, wie das Erleben dieses Gefühls dich deinem Bild, Slogan und Lebensgefühl näherbringt. Damit du nicht blättern musst und als kleine Anleitung für solch einen Satz habe ich dir das Gefühl mit einem Vorschlag, wie der Satz zu Beginn formuliert sein könnte, hier angeführt.

Freude: Ich freue mich, wenn

....

....

....

Dankbarkeit: Ich bin dankbar, dass

....

....

....

Gelassenheit: Ich fühl mich gelassen, weil

....

....

....

Interesse: Ich bin neugierig, was

....

....

....

Hoffnung: Ich hoffe, dass

....

....

....

Stolz: Ich bin stolz, wenn

....

....

....

Vergnügen: Ich lache, wenn

....

....

....

Inspiration: Ich bin erhellt, weil

....

....

....

Ehrfurcht: Ich staune darüber, dass

....

....

....

Liebe: Ich liebe es, wenn

....

....

....

Wenn ich beim Beispiel »Gefühle, die beflügeln« bleibe, könnten das Sätze sein wie »Ich staune darüber, dass es im Wald so viele Eindrücke gibt, die viele gute Gefühle auslösen können«. Oder »Ich freue mich, wenn du diese Methode liest und sie unbedingt ausprobieren möchtest.«

Apropos, falls der letzte Satz tatsächlich bei dir stimmen sollte, wäre das genial. Worum ich dich aber bitte: Nimm dir für die Methode und ihre fünf Schritte ausreichend Zeit. Es geht um Reflexion (also Denken), es geht ums Fühlen, es geht ums Tun. Wenn du die fünf Schritte hastig und oberflächlich durchgehst, hast du weit weniger davon, als wenn du an einem ruhigen Ort mit Stift und Papier an den Antworten tüftelst.

Normalerweise benötigt dieser Coachingprozess mit mir etwa einen halben Tag. Aber kein Stress: Du schreibst ja mit Stift und Papier und nicht etwa mit einem Keil auf Stein. Das heißt: Du kannst beliebig oft die fünf Schritte durchgehen, korrigieren, was du entwickelt hast, es ergänzen, etwas wegstreichen ... Wie schon erwähnt, es gibt kein

Richtig oder Falsch. Was immer du aufschreibst und später vielleicht wieder wegstreichst, ist bereits ein erfolgreicher Teil der Methode.

Wenn du alle fünf Schritte ausgefüllt hast, ist die Methode nicht zu Ende. Sie beginnt dann in Wahrheit erst. Gehe die Schritte regelmäßig durch, ändere langfristig dein Umfeld (Schritt drei) und trainiere am besten täglich mit Schritt fünf.

Schritt drei lebt davon, dass du tatsächlich ins Handeln kommst und du Dinge veränderst, um deinem Lebensgefühl mehr Ausdruck zu verleihen. Prüfe immer wieder, ob die Umsetzung den gewünschten Erfolg für dich bringt.

Bei Schritt fünf beinhaltet die GG-Methode, jeden Tag die zehn Gefühle näher zu erkunden. Gehe in deiner Vorstellung durch, wann, wo und wie genau du dieses Gefühl erlebst. Was siehst du, was hörst du, was spürst du, was riechst und was schmeckst du? Setze dir auch dafür einen Zeitraum von mindestens drei Monaten.

ZIEL IST ES, DASS DU VERMEHRT GUTE GEFÜHLE ERLEBST.

Entscheidend für deinen Erfolg ist dabei nicht, wie intensiv oder lange du die Gefühle spürst, sondern dass du die zehn guten Gefühle häufiger erlebst. Das ist eine wichtige Botschaft, die sich bereits bei der Studie zur LKM zeigte und die mit einem wichtigen Vorurteil aufräumt: Ein erfülltes Leben besteht aus dem Kontrast negativer wie positiver Emotionen. Du brauchst nicht stundenlang in tiefstem Glückserleben zu versinken. Das Ziel ist, die Häufigkeit der guten Gefühle zu erhöhen. Das macht dich mental gesünder, stärker und zufriedener. Eigentlich sehr schön zu wissen, dass es so einfach ist.

Ich hoffe, mit den Anwendungen des GG-Prinzips einen Beitrag für ein besseres Leben leisten zu dürfen. Wenn ich dir noch einen Tipp mitgeben darf: Falls du nicht schon meditierst, schau, ob Achtsamkeit, die Love-Kindness-Meditation oder eine der anderen zahlreichen Meditationsformen etwas für dich ist. Melde dich auch gerne, wenn du Fragen hast und lass mich wissen, wie es dir erging.

Nimm gute Gefühle mit

Mit dem GG-Prinzip, das auf die Wirkung guter Gefühle setzt, können wir Ängste, Stress und Stagnation entmachten – und uns selbst verwirklichen. Meine Methode bietet dir einen einfachen Weg in fünf Schritten, um gute Gefühle in Zusammenhang mit deinem Ziel zu kultivieren.

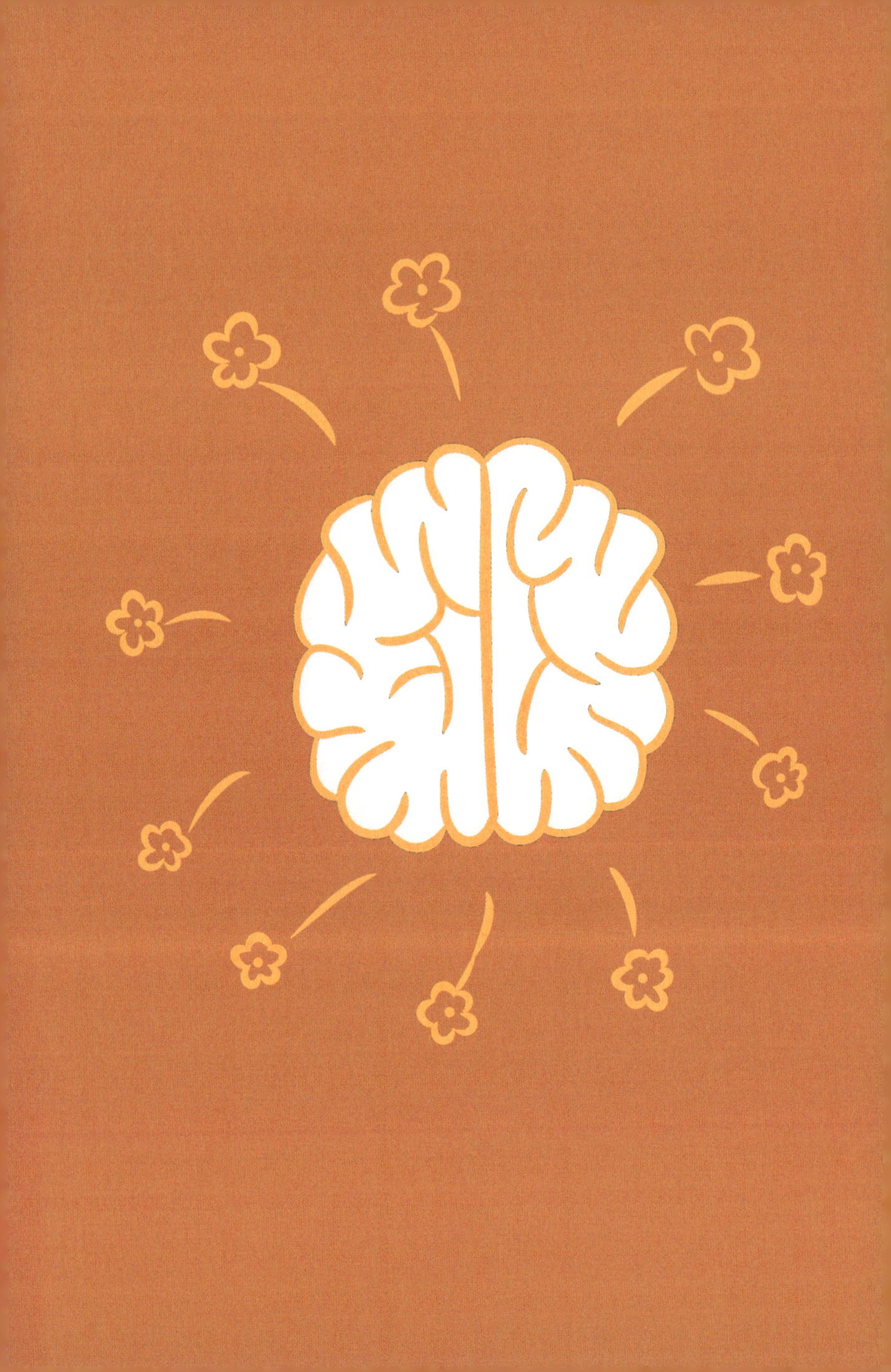

BEWEGE GUTES

Eine Gruppe von Menschen sitzt in der Höhle fest. Sie kauern auf dem kalten Boden. Alle starren auf eine Wand, an der sich die Schatten von Dingen zeigen, die sich hinter ihrem Rücken abspielen und von wo das Licht durch den Ausgang hereintritt. Leider können sie ihre Köpfe nicht drehen. Alles, was ihnen die Zeit vertreibt, ist das Schattenspiel.

Der griechische Philosoph Platon hat vor rund 2500 Jahren dieses Gleichnis gezeichnet, um unsere Unzugänglichkeit zu beschreiben, mit unseren Sinnen die Natur der Dinge zu erkennen. Hinter der Illusion unserer Wahrnehmung vermutete er – mit Bezug auf seinen Lehrer Sokrates – die Idee des Wahren, Guten und Schönen. Die Idee des Wahren, Guten und Schönen existiert, wir können aber immer nur ein Abbild davon erspähen, und letztlich besteht unser Leben darin, nach ihnen zu streben.

»Das Wahre suchen und das Schöne lieben und das Gute üben. Kein reiner Glück als dieses kann auf Erden dem Menschen werden«, formulierte es der deutsche Dichter und Theologe Friedrich Karl von Gerok im 19. Jahrhundert und bringt so den Weg zu guten Gefühlen – wie es Thema in diesem Buch war – für mich so treffend auf den Punkt.

Unsere gemeinsame Entdeckungsreise neigt sich dem Ende zu. Gemeinsam haben wir einiges erlebt.

- Wir haben hinterfragt, ob wir tatsächlich dem Außen und der Form und der Bewertungen, der wir den Ereignissen durch unser Denken geben, wirklich so folgen müssen. Oder ob nicht der *Prozess von innen nach außen* das verblüffend einfache Prinzip sein kann, um sich selbst zu verwirklichen.
- Wir haben Verstand und Einsicht in die Schranken verwiesen, und die *Emotionen aus ihrem Schattendasein geholt*. Wir haben erkannt, dass auch Männer emotional sind – selbst männliche Topmanager.
  Wir alle haben Gefühle – und meistens wollen wir die negativen Emotionen rasch loswerden und die Glücksgefühle erleben. Warum die gängige Reaktion, negative Emotionen zu unterdrücken, als Schuss nach hinten losgeht, und wie wir durch Akzeptanz und ein paar einfache Selbsthilfe-Tools bessere Mittel finden, hat uns beschäftigt.
  Die große und wichtige Erkenntnis des Wahren, Guten und Schönen aber ist: Ob Chill oder Chili – gute Gefühle sind nicht nur zum Gutfühlen da. Während negative Emotionen uns helfen, kurzfristig Gefahren zu meistern, sind die positiven Emotionen darauf ausgelegt, uns langfristig zu besseren Menschen zu machen. Die *Top Ten der positiven Gefühle* – Freude, Dankbarkeit, Gelassenheit, Interesse, Hoffnung, Stolz, Inspiration, Vergnügen, Ehrfurcht und Liebe – wirken weit über den Zustand des kurzen Wohlbefindens hin-

aus – sie erweitern unseren Blick und entwickeln unsere Persönlichkeit.

- Wir dürfen uns darüber freuen, dass Gesundheit, Glück und Erfolg sich nicht zwangsmäßig wie die Quadratur des Kreises ausschließen, sondern Hand in Hand gehen können. *Drei Giganten in unserem Gehirn,* nämlich *Dopamin*, die *Endorphine* und *Serotonin* machen unser Leben spannend, erfüllend und erholsam. Achten wir darauf, dass durch das richtige Maß dieser Zirkel nicht ins Stocken gerät.
- Gute Gefühle werden zu unserem wichtigsten *Asset gegen KI.* War in der Steinzeit körperliche Kraft gefragt, ist es in der Neuzeit die emotionale Stärke. Auch wenn die KI besser diagnostiziert, wollen wir die Diagnose selbst doch lieber von einer Ärztin mit Empathie für unsere Gefühle vermittelt bekommen. Der emotionale Umbruch ist mit der KI nicht zu Ende, sondern steht mit ihr gerade erst am Beginn.
- Emotionen sind kein Beiwerk oder Gegner von Veränderungen, sondern gute Gefühle helfen uns, *Veränderungen* zu *beschleunigen.* Wenn wir neue erwünschte Verhaltensweisen emotional abfeiern, gelingt die Verhaltensänderung wesentlich schneller und leichter.
- Das Wahre, Gute und Schöne hat sich für uns erschlossen, als wir begonnen haben, *Probleme von Tatsachen* sauber zu *trennen.* Was ist, wenn wir ein Problem nur denken? Was passiert, wenn wir das Denken zur Ruhe kommen lassen? Was bleibt, wenn sich unser Schattenspiel auflöst?

- *Praxistools* und eine *Methode,* die mein Arbeiten seit ein paar Jahren begleitet und ich hier erstmals für dich enthüllt habe, lassen uns die Brücke von den Neurowissenschaften zu mentalen Erfolgsstrategien für eine starke Psyche und Persönlichkeit schlagen.

Welche Gefühle prägen uns über die Nachrichten? Angst vor Terror, Viren, Krieg – Verteuerungen, über die wir uns ärgern. Und wenn wir uns medial unterhalten lassen wollen, zappen wir uns abends durch abscheuliche Verbrechen, die auf echten Fällen beruhen. Menschliches Leid und Bilder, die negative Emotionen auslösen, werden 24/7 zu uns geliefert – oft ohne ethischen oder informativen Mehrwert.

Die Überdosis negativer Emotionen prägt uns massiv. Manche Menschen resignieren und kippen in die Depression. Andere fühlen sich aufgestachelt und werden aggressiv. Ich finde, dass wir mit Angst und Wut bereits das Maß des Erträglichen überschritten haben.

Auch wenn jede Emotion ein Produkt der Evolution ist und daher auch einen Wert für uns hat; ich glaube an die besondere Kraft der guten Gefühle. Ob unsere Welt nicht trotzdem ohne Neid, Gier und Hass besser wäre, diesen Traum lasse ich mir nicht nehmen. Was ich mir wünsche: emotional und mental gestärkte Menschen, dass Gelassenheit, Lebensfreude und Motivation für eine positive Gestaltung der Welt sich ausbreiten und wir als Menschheit zusammenwachsen.

Daher nochmals ein klares Ja, es gibt Gefühle, die wir fördern sollten: die *guten Gefühle.* Es sind Emotionen, die auch in der christlichen Lehre und in der buddhistischen Tradition als erstrebenswert beschrieben sind, allen voran Mitgefühl und Liebe.

Unsere Gedanken und Gedanken sind leicht beeinflussbar. Sehr leicht sogar. Darf ich dazu ein kleines Experiment mit dir machen? Ich möchte dir dazu eine einfache Aufgabe stellen und bitte dich, diese möglichst rasch zu lösen.

Zahlen bitte!

Du brauchst nur an eine dreistellige Zahl zu denken. Du denkst also an 3 Ziffern. Nicht nur an 1, 2 oder 3, es geht um drei Ziffern insgesamt.

Aber Achtung:

Die drei Ziffern müssen gleich und ungerade sein.

Schnell – sag mir die Zahl!

Welche Zahl hast du gesagt? Ich habe dein Gehirn unter einen enormen Zeitdruck gesetzt. Ich habe immer wieder die Ziffer »3« erwähnt. Ich habe bis drei gezählt. Die Psychologie spricht von Priming, wenn unser Ergebnis durch Vorinformationen beeinflusst wird. Und unter Stress greifen wir auf möglichst einfache Lösungen zurück. Mit hoher Wahrscheinlichkeit war deine Antwort die Zahl »333«.

Lass dich also nicht unter Druck setzen, zu einer Entscheidung drängen, und nutze den Raum, den du zwischen einem Reiz von außen und deiner Reaktion im Innen öffnen kannst. Oder gehe überhaupt den Weg von innen nach außen – der Königsweg zu mentaler Stärke und Persönlichkeitsbildung.

GLAUB NICHT ALLES, WAS DU HÖRST UND SIEHST, GLAUB NICHT ALLES, WAS DU DENKST, UND GLAUB AUCH NICHT ALLES, WAS DU FÜHLST.

Gerade unter Stress können dich Bauchgefühle in die Irre führen. Aber auch die Wissenschaft begeht viele Irrtümer. 1949 bekam António Egas Moniz den Medizin-Nobelpreis für die Lobotomie. Bei der Lobotomie wurde eine Art »Eispickel« in die Stirn geschlagen und das Stirnhirn getrennt. Psychiatrische Patienten, die vorher ihren Emotionen freien Lauf ließen, wurden dadurch ruhig und pflegeleicht. Doch das war keine Therapie, sondern ein Verbrechen. So wie im Fall von Rosemary Kennedy, einer Schwester des ehemaligen US-Präsidenten John F. Kennedy, wurden die Menschen durch diesen Eingriff auf das Niveau eines Kleinkinds zurückgeschraubt. Unfassbar, dass diese Methode nicht nur erlaubt war, sondern sogar mit der höchsten wissenschaftlichen Auszeichnung geehrt wurde. Doch wer weiß, worüber in 100 Jahren Menschen den Kopf schütteln, was heute Praxis ist?

DEMUT IST EIN WICHTIGER BEGLEITER DES FORTSCHRITTS.

Vielleicht sind wir in naher Zukunft weiter, was den Umgang mit Angst, Ärger, Hass, Neid und Wut betrifft. Vor allem Ängste und Ärger sind leicht auszulösen und höchst ansteckend. Ein grimmiges Gesicht auf der Straße genügt und wir werden selbst ein wenig grimmiger. Ein falsches Wort, und wir geben den Ärger an andere weiter. Wenn du gute Gefühle aus der Kategorie Chill förderst, baust du Abwehrschilde gegen äußere Einflüsse auf.

Die frohe Botschaft: Das geht auch umgekehrt. Freude, Inspiration und Liebe kann ebenfalls anstecken.

GUTE GEFÜHLE HABEN DIE KRAFT, DIE WELT ZU VERÄNDERN. ES BEGINNT IN UNS.

In diesem Buch hast du unzählige Anregungen gefunden, dich mehr mit guten Gefühlen zu beschäftigen. Du erfährst, wie du Ängste, Krisenstimmung und Selbstzweifel überwindest und deine Psyche und Persönlichkeit selbstbestimmt und zielgerichtet gestaltest. Das GG-Prinzip ist der Schlüssel dazu.

Ich freue mich, wenn du etwas mitnehmen kannst – für dich und dein Leben. Zum Schluss habe ich eine große Bitte an dich.

GIB DEINEN GUTEN GEFÜHLEN MEHR RAUM UND TEILE DIESE GUTEN GEFÜHLE MIT ANDEREN.

Wenn du dich freust, dann freu dich sichtbar.

Wenn du dankbar bist, sprich deinen Dank aus.

Wenn du gelassen bist, gib anderen deine Ruhe mit.

Wenn du liebst, dann verschließe dich nicht.

Wenn du interessiert bist, stelle Fragen und gib anderen dein neues Wissen.

Wenn du Hoffnung hast, mach auch anderen Hoffnung.

Wenn du stolz bist, teile die Information, wie du deinen Erfolg erreicht hast.

Wenn du vergnügt bist, lade andere ein mitzumachen.

Wenn du inspiriert bist, inspiriere andere damit.

Wenn du Ehrfurcht erlebst, dann spüre, dass du ein Teil dieser Welt bist und wir alle zusammengehören.

Bewege Gutes in der Welt. Denn wenn du Gutes bewegst, bewegst du Großes.

Schreib mir gerne, wenn du Fragen, Feedback oder Erlebnisse hast – es wäre schön, von dir zu lesen: *office@ifmes.com*

Dein Marcus

P.S.: Du möchtest mehr? Vielleicht wirst du auf meiner Seite *www.ifmes.com/gute-gefuehle* fündig. Videos zu Vorträgen, Mentaltipps und angeleitete Übungen stelle ich dir dort kostenfrei zur Verfügung.

Gefühle, die beflügeln

NEUROWISSENSCHAFT, DIE BEWEGT

ANHANG

Gedanken, die beflügeln – Neurowissenschaft, die belebt – Dr. Marcus Täuber

Quellen- und Literaturverzeichnis

Balban, M. Y., Neri, E., Kogon, M. M., Weed, L., Nouriani, B., Jo B., Holl, G., Zeitzer, J. M., Spiegel, D., Huberman, A. D. (2023): Brief structured respiration practices enhance mood and reduce physiological arousal. Cell Rep Med. 4:100895.

Baumeister, R. F., Bratslavsky, E., Finkenauer, C., Vohs, K. D. (2001): Bad is Stronger than Good. Review of General Psychology. 5, 323–370.

Beaty, R. E., Benedek, M., Silvia, P. J., & Schacter, D. L. (2016): Creative cognition and brain network dynamics. Trends in Cognitive Sciences. 20: 87–95.

Biancardi, B., Cafaro, A., Pelachaud, C. (2017): Analyzing first impressions of warmth and competence from observable nonverbal cues in expert-novice interactions. 341–349.

Blacher S. (2023): Emotional Freedom Technique (EFT): Tap to relieve stress and burnout. J Interprof Educ Pract. 30:100599.

Chaieb L., Wilpert E. C., Reber, T. P, Fell, J. (2015): Auditory beat stimulation and its effects on cognition and mood States. Front Psychiatry. 6:70.

Church, D., Stapleton, P., Vasudevan, A., O'Keefe, T. (2022): Clinical EFT as an evidence-based practice for the treatment of psychological and physiological conditions: A systematic review. Front Psychol.13:951451.

Coppini, S., Lucifora, C., Vicario, C. M. et al. (2023): Experiments on real-life emotions challenge Ekman's model. Sci Rep 13: 9511.

Cowen, A. S., Keltner, D. (2017): Self-report captures 27 distinct categories of emotion bridged by continuous gradients. Proc Natl Acad Sci U S A. 19: 114. https://doi: 10.1073/pnas.1702247114.

Damásio, A. R. (2004): Descartes' Irrtum. Fühlen, Denken und das menschliche Gehirn. Berlin: List-Taschenbuch.

Damásio A. R. (2000): Ich fühle, also bin ich. München: List.

Darwin, C. (2019): Der Ausdruck der Gemütsbewegungen bei dem Menschen und den Tieren. Norderstedt: Vero Verlag; 2019 (Nachdruck des Originals aus dem Jahre 1877).

Duckworth, A., Kirby, T., Oettingen, G., Gollwitzer, A. (2013): From Fantasy to Action: Mental Contrasting With Implementation Intentions (MCII) Improves Academic Performance in Children. Social Psychological and Personality Science. 4: 1–9.

Eisenbruch, A. B., Krasnow, M. M. (2022): Why Warmth Matters More Than Competence: A New Evolutionary Approach. Perspectives on Psychological Science. 17: 1604–1623.

Entwistle, C., Horn, A. B., Meier, T., Boyd, R. L. (2021): Dirty laundry: The nature and substance of seeking relationship help from strangers online. Journal of Social and Personal Relationships. 38: 3472–3496.

Fox, K., Beaty, R. (2018): Mind-wandering as creative thinking: Neural, psychological, and theoretical considerations.

Fredrickson, B. L. (2011): Die Macht der guten Gefühle: Wie eine positive Haltung Ihr Leben dauerhaft verändert. Frankfurt am Main: Campus.

Fredrickson, B. L. (2004): The broaden-and-build theory of positive emotions. Philos Trans R Soc Lond B Biol Sci. 359:1367–78.
Fredrickson, B. L. (1998): What Good Are Positive Emotions? Rev Gen Psychol. 2:300–319.
Fredrickson, B. L., Cohn, M. A, Coffey, K. A., Pek, J., Finkel, S. M. (2008): Open hearts build lives: positive emotions, induced through loving-kindness meditation, build consequential personal resources. J Pers Soc Psychol. 95:1045–1062.
Garcia, D., Rosenberg, P., Lester, N., Cloninger, K. M., Robert, Cloninger, C. (2017): Self-Transcendence. In: Zeigler-Hill V., Shackelford T. (eds) Encyclopedia of Personality and Individual Differences. Springer, Cham. https://doi.org/10.1007/978-3-319-28099-8_2269-1.
Garcia-Argibay, M., Santed, M. A, Reales, J. M. (2019): Efficacy of binaural auditory beats in cognition, anxiety, and pain perception: a meta-analysis. Psychol Res. 83:357–372.
Gigerenzer, G. (2007): Bauchentscheidungen: Die Intelligenz des Unbewussten und die Macht der Intuition. München: C. Bertelsmann Verlag.
Goleman, D. (1996): EQ. Emotionale Intelligenz. Rheda-Wiedenbrück: Bertelsmann Club.
Grawe, K. (1998): Psychologische Therapie. Göttingen: Hogrefe.
Grawe, K. (2004): Neuropsychotherapie. Göttingen: Hogrefe.
Grawe, K. & Grawe-Gerber, M. (1999): Ressourcenaktivierung: Ein primäres Wirkprinzip für die Psychotherapie. Psychotherapeut, 44, 63–73.
Haidt, J., Seidel, I. (2014): Die Glückshypothese: Was uns wirklich glücklich macht. Die Quintessenz aus altem Wissen und moderner Glücksforschung. Kirchzarten bei Freiburg: VAK Verlags GmbH.

Harris, M. A, Brett, C. E., Johnson, W., Deary, I. J. (2016): Personality stability from age 14 to age 77 years. Psychol Aging. 31:862–874.

Henson, C., Truchot, D., Canevello, A. (2020): What Promotes Post Traumatic Growth? A Systematic Review. European Journal of Trauma & Dissociation. 5: 100195.

Hudays, A., Gallagher, R., Hazazi, A., Arishi, A., Bahari, G. (2022): Eye Movement Desensitization and Reprocessing versus Cognitive Behavior Therapy for Treating Post-Traumatic Stress Disorder: A Systematic Review and Meta-Analysis. Int J Environ Res Public Health. 19:16836.

Kabat-Zinn, J. (2013): Gesund durch Meditation. Das vollständige Grundlagenwerk zu MBSR. München: O.-W.-Barth-Verlag.

Kahnemann, D., Schmidt, T. (2016): Schnelles Denken, langsames Denken. München: Penguin Verlag.

Klimecki, O. M.; Leiberg, S.; Lamm, C.; Singer, T. (2013): Functional neural plasticity and associated changes in positive affect after compassion training. Cerebral Cortex 23 (7), 1552–1561.

Krapinger, G. (Übersetzer); Plato (Autor) (2017): Der Staat. Ditzingen: Reclam.

Krasnoff, E., Chevalier, G. (2023): Case report: binaural beats music assessment experiment. (2023) Front Hum Neurosci. 17:1138650.

Lester, P. B., Stewart, E. P., Vie, L. L. et al. (2022): Happy Soldiers are Highest Performers. J Happiness Stud 23: 1099–1120.

Lieberman, M. D., Eisenberger, N. I., Crockett M. J., Tom, S. M., Pfeifer, J. H., Way, B. M. (2007): Putting feelings into words: affect labeling disrupts amygdala activity in response to affective stimuli. Psychol Sci. 18:421–8.

Locke, E. A., Latham, G. P. (1991): A Theory of Goal Setting and Task Performance. The Academy of Management Review, 16: 480–483.

Malejko, K., Abler, B., Plener, P. L., Straub J. (2017): Neural Correlates of Psychotherapeutic Treatment of Post-traumatic Stress Disorder: A Systematic Literature Review. Front Psychiatry. 8:85.

Malter, R. (1986): Eine Wahrhaft Ruchlose Denkungsart. Schopenhauers Kritik Der Leibnizschen Theodizee. Studia Leibnitiana, 18:152–82.

Mascaro, J. S., Darcher, A., Negi, L. T., Raison, C. L. (2015): The neural mediators of kindness-based meditation: a theoretical model. Front Psychol. 12;6:109. doi: 10.3389/fpsyg.2015.00109.

McCrae, R. R. & Costa, P. T. (2008): The five-factor theory of personality. In O. P. John, R. W. Robins & L. A. Pervin (Eds.), The Handbook of personality Theory and research. 3: 159–181. New York: Guilford Press.

Molenaar, P. C. M., Campbell, C. G. (2009): The New Person-Specific Paradigm in Psychology. Current Directions in Psychological Science, 18: 112–117.

Nesselroade, J., Molenaar, P. (2010): Emphasizing Intraindividual Variability in the Study of Development Over the Life Span.

Nozick, R. (2013): Anarchy, State, and Utopia. New York City: Basic Books.

Nummenmaa, L., Glerean, E., Hari, R., Hietanen, J. K. (2014): Bodily maps of emotions. Proceedings of the National Academy of Sciences of the United States of America, 111(2), 646–651. https://doi.org/10.1073/pnas.1321664111

Nummenmaa, L. (2022): Mapping emotions on the body. Scandinavian Journal of Pain, 22, 4: 667–669. https://doi.org/10.1515/sjpain-2022–0087

Obermaier, P./Täuber, M. (2016): Gewinner grübeln nicht. Richtiges Denken als Schlüssel zum Erfolg. Wien/Berlin: Goldegg Verlag.

Oettingen, G., Mayer, D. (2002): The motivating function of thinking about the future: Expectations versus fantasies. Journal of personality and social psychology. 83. 1198–1212.

Oettingen, G. (2012): Future thought and behaviour change. European Review of Social Psychology, 23, 1–63.

Padmanabhan, R., Hildreth, A. J., Laws, D. (2005): A prospective, randomised, controlled study examining binaural beat audio and pre-operative anxiety in patients undergoing general anaesthesia for day case surgery. Anaesthesia 60:874–7.

Pascual-Leone, A., Nguyet, D., Cohen, L., Brasil-Neto, J. P., Cammarota, A., Hallett, M. (1995): Modulation of muscle responses evoked by transcranial magnetic stimulation during the acquisition of new fine motor skills. J Neurophysiol. 1995 Sep;74 (3): 1037–45. doi: 10.1152/jn.1995.74.3.1037.

Quoidbach, J., Gilbert, D. T., Wilson, T. D. (2013): The end of history illusion. Science. 339:96–8.

Raguse, H. (2008): Religiöse Inhalte in der Psychoanalyse: Erwägungen zur psychoanalytischen Religionskritik und zur Technik der Psychoanalyse. Psychotherapie Forum 16: 57–65.

Raichle, M. E, MacLeod, A. M., Snyder, A. Z., Powers, W. J., Gusnard, D. A., Shulman, G. L. (2001): A default mode of brain function. Proceedings of the National Academy of Sciences of the United States of America. 98. 676–82. 10.1073/pnas.98.2.676.

Roth, G. (2015): Persönlichkeit, Entscheidung und Verhalten: Warum es so schwierig ist, sich und andere zu ändern. Stuttgart: Klett-Cotta.

Schnack, G. (2012): Der Große Ruhe-Nerv: 7 Sofort-Hilfen gegen Stress und Burnout. Freiburg: Kreuz-Verlag.

Schulman, P. (1999): Applying Learned Optimism to Increase Sales Productivity. Journal of Personal Selling & Sales Management. 19: 31–37.

Singer, T., Kok, B. E.; Bornemann, B., Zurborg, S., Bolz, M., Bochow, C. (2016): The ReSource Project: Background, design, samples, and measurements. Leipzig: Max Planck Institute for Human Cognitive and Brain Sciences.

Steinberg, H., Himmerich H. (2012): Johann Christian August Heinroth (1773–1843): The first professor of psychiatry as a psychotherapist. J Relig Health. 51:256–8.

Stellar, J. E, John-Henderson, N., Anderson, C. L., Gordon, A. M., McNeil, G. D., Keltner, D. (2015): Positive affect and markers of inflammation: discrete positive emotions predict lower levels of inflammatory cytokines. Emotion. 15:129–33.

Storch, M. (2011): Das Geheimnis kluger Entscheidungen – von Bauchgefühl und Körpersignalen. München: Piper-Verlag.

Swami, V., Hochstöger, S., Kargl, E., Stieger, S. (2022): Hangry in the field: An experience sampling study on the impact of hunger on anger, irritability, and affect. PLoS ONE 17(7): e0269629.

Täuber, M., Obermaier, P. (2018): Alles reine Kopfsache! 5 Phänomene aus der Hirnforschung, mit denen Sie alles schaffen, was Sie wollen. Wien/Berlin: Goldegg Verlag.

Täuber, M., Obermaier, P. (2019): Das Prinzip der Mühelosigkeit. Warum manchen alles gelingt und andere immer kämpfen müssen. Wien/Berlin: Goldegg Verlag.

Täuber, M. (2020): Gedanken als Medizin. Wie Sie mit Erkenntnissen der Hirnforschung die mentale Selbstheilung aktivieren. Wien/Berlin: Goldegg Verlag.

Torre, J. B., Lieberman, M. D. (2018): Putting Feelings Into Words: Affect Labeling as Implicit Emotion Regulation. Emotion Review. 10: 116–124.

Ware, B. (2013): 5 Dinge, die Sterbende am meisten bereuen. München: Arkana.
Webb T. L, Miles E, Sheeran P. (2012): Dealing with feeling: a meta-analysis of the effectiveness of strategies derived from the process model of emotion regulation. Psychol Bull. 138:775–808.
Weiland, F. P. G, Rathschlag, M., Klatt, S. (2021): Anxiety Reduction and Improved Concentration in Schoolchildren through Wingwave® Coaching. Children 30:1102.
Weigard, A., Loviska, A.M., Beltz, A. M. (2021): Little evidence for sex or ovarian hormone influences on affective variability. Sci Rep. 11:20925.
Westgate, E. C, Wilson, T. D, Buttrick, N. R., Furrer, R. A., Gilbert D. T. (2021): What makes thinking for pleasure pleasurable? Emotion. 21:981–989.
Westgate, E. C, Wilson, T. D., Gilbert, D. T. (2017): With a little help for our thoughts: Making it easier to think for pleasure. Emotion. 17:828–839.
Yousefi, H. R. (2019): Psychotherapiewissenschaft im 21. Jahrhundert. SFU Forschungsbulletin. 2:33–57.
Zeng, X., Cleo, P. K. Chiu, Wang, R., Oei, Tian P.S., Freedom, Y. K. Leung (2015): The effect of loving-kindness meditation on positive emotions: A meta-analytic review. Frontiers in Psychology. doi: 6. 10.3389/fpsyg.2015.01693.

Internetadressen

brenebrown.com/resources/atlas-of-the-heart- list-of-emotions/
de.statista.com/statistik/daten/studie/239872/umfrage/arbeitsunfaehigkeitsfaelle-aufgrund-von-burn-out-erkrankungen/

de.statista.com/statistik/daten/studie/438925/umfrage/umfrage-zur-attraktivitaet-von-intelligenz-bei-der-traumfrau-bzw-dem-traummann/
gutezitate.com/zitat/104226
gutezitate.com/zitat/228052
hbr.org/2013/07/connect-then-lead
icd.who.int/en
self-compassion.org/
www.adultdevelopmentstudy.org/
www.aerztezeitung.de/Panorama/Frontale-Lobotomie-eine-Methode-die-das-Leben-vieler-Patienten-zerstoert-hat-328683.html
www.bbc.com/worklife/article/20220311-the-complicated-truth-of-post-traumatic-growth
www.blueprints.de/artikel/geschichten-und-fabeln/der-fuchs-und-die-trauben-von-aesop.html
www.eiconsortium.org/measures/measures.html
www.jku.at/fileadmin/gruppen/112/abgeschlossene_Studien/Burn-out-Prophylaxe.pdf
www.ndr.de/ratgeber/gesundheit/Schwere-Depression-Tiefe-Hirnstimulation-kann-helfen,hirnstimulation106.html
www.gallup.com/de/506000/pressemitteilung-gallup-engagement-index-2022.aspx
www.gutzitiert.de/zitat_autor_friedrich_wilhelm_nietzsche_thema_schwierigkeiten_zitat_18586.html
www.psychologytoday.com/us/blog/compassion-matters/202202/name-it-tame-it-the-emotions-underlying-your-triggers
www.spektrum.de/lexikon/psychologie/hysterie/6886
www.ted.com/talks/robert_waldinger_what_makes_a_good_life_lessons_from_the_longest_study_on_happiness/c
www.theatlantic.com/health/archive/2016/05/why-self-compassion-works-better-than-self-esteem/481473/

www.theatlantic.com/technology/archive/2021/04/artificial-intelligence-misreading-human-emotion/618696/

www.thieme-connect.com/products/ejournals/pdf/10.1055/s-0041–111564.pdf

www.tk.de/resource/blob/2116464/d16a9c0de0dc83509e9c-f12a503609c0/2021-stressstudie-data.pdf

www.who.int/news/item/28–05–2019-burn-out-an-occupational-phenomenon-international-classification-of-diseases

www.youtube.com/watch?v=MNyWF632rlw

MARCUS TÄUBER

Dr. Marcus Täuber ist Doktor der Neurobiologe, Lehrbeauftragter mehrerer Hochschulen und Leiter des Instituts für mentale Erfolgsstrategien. Der Bestsellerautor und Keynote-Speaker bringt er neue Erkenntnisse der Hirnforschung auf den Punkt. Er unterstützt er unter anderem Eisschwimm-Weltrekordhalter, Eurofighter-Piloten und das weltgrößte Biotech-Unternehmen.

Marcus entwickelt und erforscht als Gesellschafter der Brain Changer GmbH Smartphone-Apps, die Stressabbau und das Ändern von Gewohnheiten erleichtern. Sein neuer YouTube-Kanal schlägt die Brücke zwischen Menschen, die nach mentaler Stärke streben und praktischen Tools, die mit wissenschaftlicher Präzision genau DAS liefern.

WEITERFÜHRENDE LINKS:

Institut für mentale Erfolgsstrategien: https://ifmes.com

YouTube-Kanal: https://www.youtube.com/@drmarcustaeuber

Brain Changer®: https://brainchanger.tv

KONTAKT: office@ifmes.com

Gefühle, die beflügeln

NEUROWISSENSCHAFT, DIE BEWEGT

Note!
GOOD